EXPLOREZ VOTRE THÈME ASTRAL

Le lotus & l'éléphant

NATHALIE ROS

EXPLOREZ VOTRE THÈME ASTRAL

Signes, maisons, planètes… toutes les bases de l'astrologie

Le lotus & l'éléphant

Édition Poche augmentée

58, rue Jean Bleuzen – 92178 Vanves Cedex

Direction : Catherine Saunier-Talec
Responsable éditoriale : Lisa Grall
Éditrice : Lucie VanHerpen
Correction : Margot Baudichet et Copiequalité
Fabrication : Anne-Laure Soyez
Principe de couverture : Nicole Dassonville
Responsable partenariats : Dana Lichiardopol (lichiardopol@hachette-livre.fr)

Dépôt légal : octobre 2022
ISBN : 978-2-01-720583-8
51-1119-5

Achevé d'imprimer en Espagne en octobre 2022

Nous utilisons des papiers composés de fibres naturelles,
renouvelables, recyclables et fabriqués à partir de bois issus de forêts
adoptant un système d'aménagement durable. En outre, nous travaillons
avec des fournisseurs de papier qui s'inscrivent dans une démarche
de certification environnementale reconnue.

PAPIER À BASE DE
FIBRES CERTIFIÉES

hachette s'engage pour
l'environnement en réduisant
l'empreinte carbone de ses livres.
Celle de cet exemplaire est de :
200 g éq. CO_2
Rendez-vous sur
www.hachette-durable.fr

SOMMAIRE

ÉDITO

S'il y a une chose que m'a enseignée l'astrologie, c'est que nous n'avons jamais fini d'apprendre, même les plus expérimentés vous diront que leur apprentissage est sans limites.

Il y a autant de manières de comprendre l'astrologie qu'il y a d'astrologues. Reliée à de nombreux mythes, à différentes cultures et époques, celle-ci a toujours fait parler d'elle, et, aujourd'hui plus que jamais, on observe son grand retour sur le devant de la scène.

Lorsque l'on parle d'astrologie, chacun de nous se réfère, en premier lieu, à son signe solaire, mais c'est l'ensemble du thème avec le positionnement des planètes le jour de sa naissance qui permet une analyse précise et personnalisée de l'individu.

Ce qui est fascinant, c'est que, à travers notre signe solaire, lunaire ou encore ascendant, une partie de chaque énergie du zodiaque vit en nous.

Je vous invite à découvrir, au fil des pages de ce livre, les différentes facettes des douze signes du zodiaque, de leur mythologie à leur comportement, en passant par leurs forces et leur faiblesses ou les clés de leur équilibre.

Bienvenue dans cet ouvrage qui, je l'espère, vous servira de guide tout au long de votre chemin de vie et dévoilera votre magie intérieure.

NATHALIE ROS

Statio
Mercu
et
Isidis
XII
XIII
XIV
Statio Numinum Agricul
turæ præsidum
Statio
Ty
phonia
Statio Numi
temporum
rebus
inducentium
Statio
VII
Statio
Anuphis
tutelaris
Nili

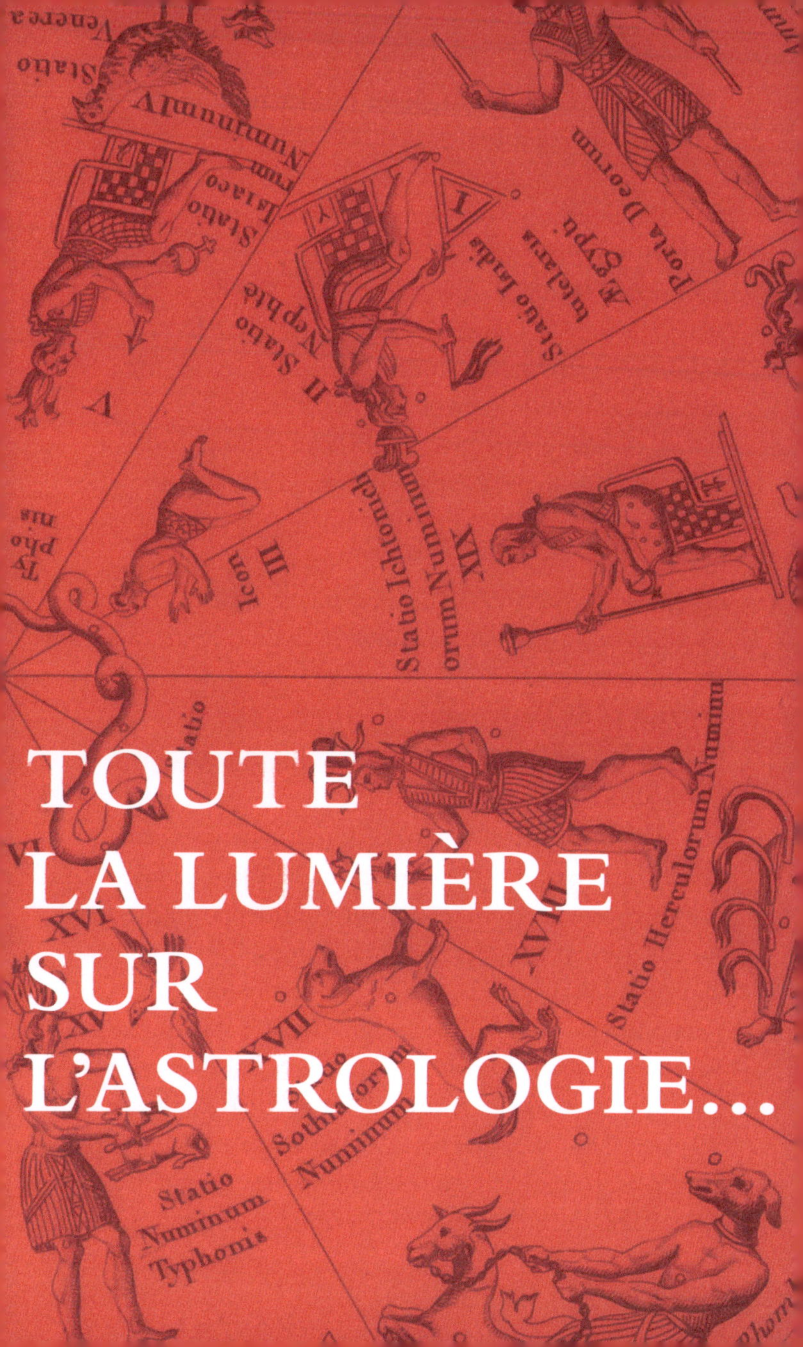

TOUTE LA LUMIÈRE SUR L'ASTROLOGIE...

Origines de l'astrologie et évolution à travers les siècles

L'astrologie est une pratique ancestrale apparue avant la plupart des croyances. C'est aussi l'un des arts de prédiction les plus répandus aujourd'hui. Qu'il s'agisse des Mayas ou des Grecs, tous les peuples recouraient à l'astrologie, partout dans le monde : en Afrique, en Inde et ailleurs.

Il est vrai qu'une part de mystère entoure la découverte de l'astrologie. Certains diront qu'elle est liée à une croyance, d'autres que c'est une science, mais, dans tous les cas, elle invite à lever la tête, à regarder les planètes et notre système solaire comme une grande carte qui dévoile les potentiels et les vulnérabilités de chaque être humain.

L'origine de l'astrologie

L'astrologie occidentale a vu le jour en Mésopotamie vers 3000 avant J.-C. Différente de celle de notre époque, elle était l'apanage des prêtres, qui scrutaient le ciel afin d'y discerner tout signe de bon ou de mauvais augure. Les phénomènes célestes étaient considérés comme les messages des dieux adressés aux hommes. Il fallut un certain temps avant que le lien entre événements astraux et phénomènes naturels (catastrophe météorologique, épidémie, guerre…) ne soit reconnu.

À cette période, l'astrologie n'était pas zodiacale. Il s'agissait de présages en lien avec les étoiles. Les constellations n'étaient pas incluses. L'horoscope n'existait pas, ni la carte du ciel, qui ne fut établie que par la suite.

Gravée dans la pierre en 410 avant J.-C., elle représentait uniquement la position des astres.

Le terme « zodiaque » vient du grec *zodiakos*, qui signifie « cercle de petits animaux ». Les Babyloniens auraient divisé le zodiaque en douze quartiers. On fait remonter les premiers thèmes astraux personnalisés au ve siècle avant J.-C. avec un zodiaque sidéral (qui s'appuie sur les étoiles). Platon, célèbre philosophe grec, écrivit le *Timée*, dialogue dans lequel il donna pour la première fois aux planètes les noms des divinités mythologiques.

Plus tard, à Rome, l'engouement pour l'astrologie n'était pas vu d'un très bon oeil ; ainsi, en 139 avant J.-C., une loi visant à en interdire la pratique fut promulguée. Malgré cette tentative, la popularité de l'astrologie augmenta dans le monde romain. Toutes les classes sociales s'y adonnaient, les gens du peuple, mais aussi les nobles et les empereurs, qui sollicitaient régulièrement leur astrologue avant de prendre une décision importante. Quant à César, il réhabilita l'astrologie, tout comme Auguste, qui exigea la présence du Capricorne sur les pièces de monnaie romaines car celui-ci correspondait à son signe lunaire. Les astrologues jouissaient alors d'un énorme pouvoir et inspiraient un profond respect. Malheureusement, certains d'entre eux préféraient livrer de fausses prévisions rassurantes plutôt que la vérité, favorisant leur intérêt personnel.

Claude Ptolémée, qui vivait à Alexandrie, entreprit de structurer l'astrologie ; dans ses ouvrages, il adopta une approche scientifique, ce qui priva ses détracteurs de la possibilité de contester ses écrits. À cette époque, seules cinq planètes étaient considérées : Mercure, Vénus, Mars, Jupiter et Saturne, qui étaient visibles à l'œil nu. Avec la

Lune et le Soleil, ces sept astres donnèrent leur nom aux sept jours de la semaine.

En 296, l'empereur Dioclétien condamna toute forme de divination ainsi que les astrologues aux influences sidérales. Par la suite, la religion chrétienne se répandit et l'astrologie tomba dans l'oubli. En 447 après J.-C., lors du concile de Tolède, toutes les pratiques divinatoires, l'astrologie comprise, furent bannies de la société par l'Église. Ce fut le début d'une longue phase de sommeil pour l'astrologie.

Du Moyen Âge à nos jours

Au Moyen Âge, l'astrologie souffrit de l'obscurantisme. Interdite, elle se réfugia dans la clandestinité et bon nombre de charlatans y trouvèrent leur compte. Certains seigneurs avaient recours aux astrologues afin de planifier leurs attaques en temps de guerre. Les décisions politiques étaient alors souvent prises en fonction de leurs oracles, ce qui déboucha sur des conflits avec le clergé.

Ce n'est qu'à partir du Xᵉ siècle que l'astrologie connut un regain d'intérêt, qui culmina lors de la Renaissance. Dès le XVᵉ siècle, elle fut enseignée dans les universités. Elle bénéficia de la considération de la médecine, ce qui renforça sa crédibilité.

Nostradamus (1503-1566), célèbre auteur et astrologue, en qui beaucoup voyaient un prophète, vécut à l'époque du rayonnement de l'astrologie. Au XVIᵉ siècle, la quasi-totalité des astronomes étaient également astrologues et vivaient librement de cette double compétence. Les rois et les reines les consultaient régulièrement avant de prendre des décisions, mais également pour dresser le portrait astral de leur descendance. Isaac Newton et Johannes Kepler étaient tout à la fois astronomes et astrologues, ce qui prouve que les deux pratiques pouvaient cohabiter.

Nicolas Copernic (1473-1543), astronome et astrologue lui aussi, établit le fait que la Terre n'est pas le centre du monde et qu'elle tourne autour du Soleil. À sa suite, Galilée (1564-1642), considéré comme le père de la science expérimentale, enseigna l'astrologie et confirma la vision copernicienne en mettant le Soleil au centre du système qui porte son nom.

Au siècle suivant, les premières tables astrologiques furent éditées, outils indispensables pour dresser le thème astral. Grâce à leur aide précieuse, il n'était plus nécessaire d'être astronome pour déterminer la position des astres, ce qui ouvrit de nouvelles perspectives.

Tout au long du XVIIIe siècle, marqué par l'esprit révolutionnaire et le besoin d'indépendance, les progrès ne cessèrent de se multiplier et l'astrologie prit une tournure plus humaniste. C'est en 1781 que la planète Uranus fut découverte grâce à une invention : le télescope. Cela lui valut d'être le symbole des grands changements, de la modernité et de l'innovation dans le zodiaque. La planète fut rattachée au Verseau, signe de la solidarité et de l'humanisme. Des notions inédites, comme la citoyenneté et les droits de l'homme, nourrirent des aspirations annonciatrices d'une ère nouvelle. En parallèle, les pensées cartésiennes et scientifiques gagnèrent du terrain et l'astrologie intéressa de moins en moins les foules. En septembre 1846, Neptune fut observée pour la première fois. Il s'agit de la première planète identifiée par des calculs mathématiques avant d'être vue. On lui donna les attributs d'universalité, d'intuition, de spiritualité et d'inconscient, elle est en cela très proche du signe des Poissons.

L'ASTROLOGIE ET L'ASTRONOMIE

L'astronomie est l'observation des astres, tandis que l'astrologie est leur interprétation symbolique basée sur des croyances. Il s'agit plutôt d'un livre ouvert juste sous nos yeux, qui révèle le destin et la personnalité des femmes et des hommes au travers des planètes. Chaque facette de l'être est symboliquement représentée par un astre ou une constellation.

Il n'y a aucune preuve scientifique qui démontre la véracité de l'astrologie. Pourtant, il fut un temps où science et astrologie avançaient main dans la main. Hippocrate était un médecin grec qui utilisait l'astrologie en complément de la médecine. On dit qu'il est à l'origine des tempéraments des quatre éléments aujourd'hui associés aux signes du zodiaque. Selon lui, « nul ne peut se prétendre médecin s'il ne connaît les bases de l'astrologie ».

Hippocrate est, pour certains astrologues, le précurseur de l'astrologie médicale. Chaque signe du zodiaque est rattaché à des parties du corps et certains astrologues spécialisés arrivent à dresser un « portrait » de santé en fonction du thème astral. Bien entendu, l'astrologie médicale ne se substitue en aucun cas à l'avis d'un médecin, mais elle peut constituer un bon complément prévisionnel.

Claude Ptolémée, mathématicien et astronome, fut l'astrologue grec le plus connu de l'Antiquité. Il écrivit vers 155 la *Tétrabible*, ouvrage consacré à l'astrologie dans lequel il décrit la différence entre astrologie et astronomie. Il mit en avant un lien « mère-fille » entre ces deux disciplines, évitant ainsi tout débat.

Au XXᵉ siècle, l'astrologie connut un nouvel essor en faisant son apparition dans la presse. En 1930, l'astrologue Richard Naylor publia dans un journal anglais le thème astral de la sœur cadette de la reine d'Angleterre. L'analyse se révéla juste, ce qui captiva les lecteurs. Il prédit par la suite un accident de dirigeable qui se produisit exactement à la date indiquée. Le *Sunday Express* l'autorisa à diffuser, chaque semaine, les tendances astrologiques des personnes dont l'anniversaire tombait lors de cette période. Cette chronique devint incontournable et Richard Naylor connut une notoriété sans précédent. Il recevait quotidiennement des centaines de lettres de lecteurs. Le premier horoscope naquit six ans plus tard et l'influence de Naylor fut telle que des investisseurs attendaient ses prédictions pour engager leurs opérations en Bourse. S'il annonçait un jour noir, la vente d'actions chutait.

À la fin de la guerre, les titres de presse décidèrent dans leur grande majorité de publier un horoscope afin de redonner de l'espoir après ces années difficiles. L'usage se perpétua par la suite à la radio. Des années plus tard, l'astrologie fit l'objet d'une approche intégrant d'autres connaissances. *De la psychanalyse à l'astrologie* (1961), l'ouvrage de l'astrologue français André Barbault (1921-2019), fait office de référence dans le domaine.

Aujourd'hui, l'astrologie est présente partout (Internet, réseaux sociaux, podcasts…) et sous toutes les formes. Les courants se diversifient, on distingue l'astrologie humaniste, holistique – mise en avant par Pierre Lassalle – ou encore l'astrologie karmique, qui aborde les vies passées. Dans un monde en perpétuel changement, décrypter la carte du ciel est devenu un outil précieux de développement personnel pour mieux se connaître et révéler ses aptitudes et son caractère. L'astrologie perd une part de son mysticisme et regagne ainsi ses lettres de noblesse.

Différentes pratiques

L'astrologie hindoue

L'astrologie indienne ou encore l'astrologie védique (appelée également « la science des lumières ») utilise un zodiaque similaire au nôtre, mais avec des signes décalés. La particularité de cette astrologie est que la carte du ciel est basée sur le signe lunaire. La notion de karma est immédiatement incluse dans l'analyse, contrairement aux pratiques de l'astrologie occidentale. Le zodiaque lunaire est composé de vingt-sept signes qui sont également appelés les vingt-sept « demeures lunaires ». Chaque signe est relié à une planète, à une divinité et à un animal.

L'astrologie chinoise

Basée sur des signes annuels qui prennent tous la forme d'animaux, l'astrologie chinoise comporte cinq éléments : le feu, l'eau, le métal, la terre et le bois. Elle contient environ une centaine d'astres et incorpore la notion de yin et de yang (féminin/masculin). Si en astrologie occidentale on prend en considération le retour de Saturne (planète qui met environ vingt-neuf ans et demi à faire le tour du zodiaque et qui correspond chez chaque personne à « la crise de la trentaine »), en astrologie chinoise les cycles de soixante ans sont importants. Le soixantième anniversaire représente l'âge de raison, car c'est une année liée au même signe et au même élément que ceux de l'année de naissance.

Les signes astrologiques chinois sont : le Rat, le Bœuf, le Tigre, le Lapin, le Dragon, le Serpent, le Cheval, la Chèvre, le Singe, le Coq, le Chien et le Cochon.

L'astrologie celtique

Dans l'histoire celtique, les druides avaient de nombreux rôles dans la communauté, comme médecins, prêtes, magiciens et astrologues. L'intérêt des Celtes pour l'astronomie était immense. Des alignements de pierres indiquant les solstices et les équinoxes ont été découverts en Europe, et plus particulièrement en Grande-Bretagne. L'astrologie celtique est basée sur le lien entre l'homme et la nature. Ainsi, chaque période de l'année est associée à un arbre et protégée par celui-ci. Il y en a vingt et un au total.

Quel est votre arbre protecteur :

Le pommier
L'ARBRE DE L'AMOUR
du 23/12 au 03/01 et du 25/06 au 04/07

Le sapin
L'ARBRE MYSTÈRE
du 2 au 11/01 et du 5 au 14/07

L'orme
L'ARBRE DE LA GÉNÉROSITÉ
du 12 au 24/01 et du 15 au 25/07

Le cyprès
L'ARBRE DE LA FIDÉLITÉ
du 25/01 au 03/02 et du 26/07 au 04/08

Le peuplier
L'ARBRE DE L'INCERTITUDE
du 4 au 08/02, du 1er au 14/05 et du 5 au 13/08

Le cèdre
L'ARBRE DE LA CONFIANCE
du 9 au 18/02 et du 14 au 23/08

Le pin
L'ARBRE DE LA SINGULARITÉ
du 19 au 28/02 et du 24/08 au 02/09

Le saule pleureur
L'ARBRE DE LA MÉLANCOLIE
du 1er au 10/03 et du 3 au 12/09

Le tilleul
L'ARBRE DU DOUTE
du 11 au 20/03 et du 13 au 22/09

Le noisetier
L'ARBRE DE L'EXTRAORDINAIRE
du 22 au 31/03 et du 24 /09 au 03/10

Le sorbier
L'ARBRE DE LA DÉLICATESSE
du 1er au 10/04 et du 4 au 13/10

L'érable
L'ARBRE DE L'INDÉPENDANCE D'ESPRIT
du 11 au 20/04 et du 14 au 23/10

Le noyer
L'ARBRE DE LA PASSION
du 21 au 30/04 et du 24/10 au 11/11

Le châtaignier
L'ARBRE DE L'HONNÊTETÉ
du 15 au 24/05 et du 12 au 21/11

Le frêne
L'ARBRE DE L'AMBITION
du 25/05 au 03/06 et du 22/11 au 01/12

Le charme
L'ARBRE DU BON GOÛT
du 4 au 13/06 et du 2 au 11/12

Le figuier
L'ARBRE DE LA SENSUALITÉ
du 14 au 23/06 et du 12 au 21/12

Le chêne
L'ARBRE DE LA BRAVOURE
le 21 mars

Le bouleau
L'ARBRE DE L'INSPIRATION
le 24 juin

L'olivier
L'ARBRE DE LA SAGESSE
le 23 septembre

Le hêtre
L'ARBRE DE LA CRÉATIVITÉ
le 22 décembre

ASTROLOGIE ET VOYANCE

L'astrologie a voyagé à travers les époques. Elle a pris diverses formes et reçu des accueils différents. Il est certain qu'elle n'a jamais laissé indifférent. Aujourd'hui, le plus cartésien d'entre nous connaît son signe astrologique et rares sont ceux qui n'ont jamais trouvé de points communs entre leur personnalité et leur signe solaire. Bien qu'elle ait une visée prévisionnelle, l'astrologie n'est pas de la voyance. Un bon astrologue ne saura affirmer avec certitude qu'un événement va se produire, mais évoquera plutôt des périodes favorables à certaines réalisations ou épreuves.

Pour certains, voyance et astrologie ne font qu'un, ce qui est loin des définitions exprimées par les anciens comme Hippocrate.

Il s'agit d'une pratique ancestrale que l'homme a mise en place pour maîtriser au mieux son potentiel. Ce lien à la voyance est principalement issu de l'ouvrage *Prophéties de M. Nostradamus*, de l'astrologue et auteur français.

Célèbre pour ses prévisions dont plusieurs se sont révélées exactes, Nostradamus utilisait l'astrologie, mais aussi d'autres méthodes divinatoires. Il prédit la date de sa propre mort, qui se produisit au jour et à l'heure indiquée en 1566. L'avènement de Napoléon, la prise du pouvoir par Hitler et même le 11-Septembre sont évoqués dans son livre, sous forme de quatrains. Ses prédictions vont jusqu'en 3797. Chaque année, on trouve de nouvelles analyses de ses quatrains pour les mois à venir.

COMPRENDRE SA CARTE ASTRALE

Les premiers pas de son récit astrologique

Votre carte du ciel ou thème astral représente une photographie du ciel au moment de votre naissance. Elle vous livre la façon dont l'influence des planètes pourrait se manifester positivement ou négativement dans votre vie. Il ne s'agit pas de votre destin, mais plus d'une base de travail. Ainsi, au travers de ce zodiaque, nous avons la position de toutes les planètes ainsi que celle du Soleil et de la Lune au moment de votre naissance.

Lorsque l'on fait une étude astrale de son thème, c'est cette carte qui est étudiée dans sa globalité. En effet, il est impossible de déceler le potentiel d'une personne en prenant en compte uniquement le signe solaire, ascendant ou lunaire.

La carte est divisée en douze parties égales, chacune étant associée à un signe astrologique.

Sur la bordure, on remarque des numéros. Ils indiquent les maisons, que l'on appelle également « secteurs de vie ». Ces maisons sont positionnées en fonction de l'ascendant, qui est représenté par une flèche avec la mention AC. L'ascendant se décale d'un degré toutes les quatre minutes, c'est pourquoi il est primordial d'avoir votre heure de naissance exacte pour obtenir votre carte du ciel. La mention MC représente le milieu du ciel, qui correspond à la mission de vie.

Au milieu, les traits de différentes couleurs sont appelés des « aspects ». Il en existe des favorables et des défavorables qui facilitent ou rendent difficile la circulation de l'énergie entre deux astres. C'est donc au travers de la position des maisons, des astres en signe et en maison et de l'analyse des aspects que se construit le thème astral.

En dehors de la carte se trouvent des symboles de couleur représentant les différentes planètes. Il en existe dix qui apportent diverses influences et définissent une partie de votre caractère et de votre personnalité. Ces planètes sont placées sur la carte du ciel en fonction de leur position à vos date et heure de naissance.

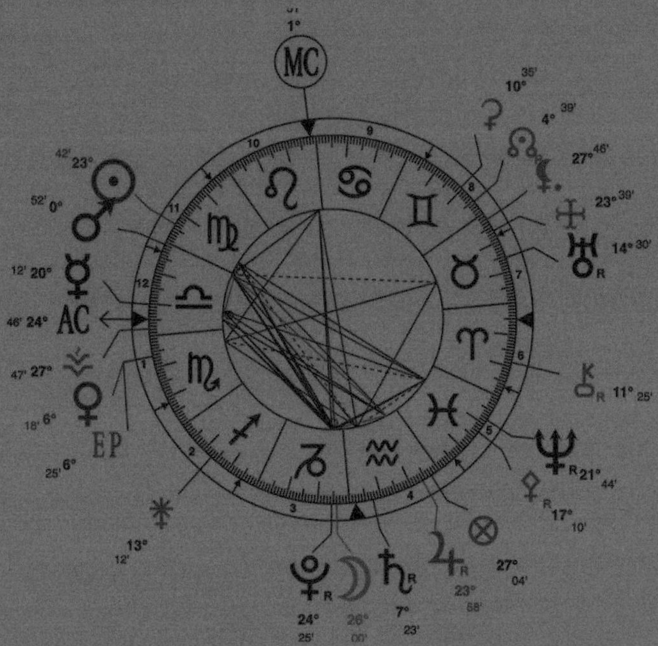

☽
LUNE
ÉMOTIONS

☿
MERCURE
COMMUNICATION

♀
VÉNUS
SENTIMENTS

☉
SOLEIL
PERSONNALITÉ

♃
JUPITER
EXPANSION

♄
SATURNE
RESTRICTION

♂
MARS
ACTION

♅
URANUS
INDÉPENDANCE

♆
NEPTUNE
IDÉAUX

♇
PLUTON
TRANSFORMATION

Comment monter sa carte du ciel ?

Lorsque l'on consulte un astrologue pour une étude personnalisée, il se charge de monter notre carte du ciel. Autrefois, les astrologues avaient souvent des connaissances astronomiques poussées et, à l'aide d'éphémérides, ils arrivaient facilement à dresser des thèmes astraux. Aujourd'hui, il existe des logiciels d'astrologie, mais aussi des sites sur lesquels on peut établir sa carte du ciel gratuitement, comme www.astrotheme.fr. Pour ce faire, il est nécessaire de connaître sa date, son lieu et son heure de naissance. Certains astrologues arrivent à déterminer approximativement l'heure de naissance en fonction des événements de la vie de l'individu, mais cela reste incertain.

La vision symbolique de la carte du ciel

Sa représentation place la Terre au centre, comme si le Soleil et les astres tournaient autour d'elle. En réalité, ceci est vrai uniquement pour la Lune, qui est notre satellite naturel. Pour le reste, c'est une image qui met la Terre au centre afin que nous puissions symboliquement interpréter les effets des astres sur nous. Ainsi, lorsque nous observons une carte du ciel, nous connaissons les signes solaire, lunaire et ascendant du natif ; seulement, il est aussi primordial (pour une étude poussée) de regarder les positions de Mercure, Vénus, Saturne, Jupiter, etc.

« Attention : pour bien comprendre la carte du ciel, il est nécessaire de connaître les symboles de chaque signe et de chaque astre, mais aussi la signification des maisons astrologiques. »

L'analyse du thème en fonction du temps

Décoder son thème astral est une expérience enrichissante et passionnante, mais qui prend du temps. Analyser son thème à 20 ans ou à 40 ans ne se fait pas de la même manière en fonction des transits planétaires. Si l'on étudie les cycles planétaires, on se rend compte que, lorsqu'une planète fait le tour de notre thème, cela nous fait passer à une étape supérieure dans notre vie et dans nos apprentissages.

Prenons l'exemple de Saturne, la planète du temps, qui fait le tour du zodiaque en vingt-neuf ans environ. Sa rotation crée des aspects par rapport à la position qu'elle a dans notre thème :

Le premier carré de Saturne intervient vers l'âge de 7 ans.

La première opposition vers l'âge de 14 ans.

Le second carré vers l'âge de 21 ans.

Le premier retour de Saturne vers l'âge de 29-30 ans.

Il semble évident que le thème d'un individu ne peut être analysé de la même manière à l'adolescence et à l'âge adulte. Saturne marque des prises de conscience et des périodes d'épreuves, notamment avec les autres et nos ambitions, comme à l'adolescence par exemple. Dans la partie « Le zodiaque et l'enfant », vous trouverez une interprétation de chaque signe chez l'enfant.

Nous ne rentrerons pas dans le détail de chaque influence des planètes au cours de la vie. Néanmoins, voici un tableau récapitulatif de la durée approximative que met chaque planète pour faire le tour du zodiaque.

Mercure	357 jours
Vénus	340 jours
Mars	585 jours
Jupiter	12 ans
Saturne	29 ans
Uranus	84 ans
Neptune	165 ans
Pluton	248 ans

Le Soleil met un an, chaque retour marque l'anniversaire, et la Lune met vingt-neuf jours, ce qui est facilement repérable avec les phases lunaires (la lunaison commence à chaque nouvelle lune et chaque pleine lune annonce la moitié du chemin parcouru).

> Attention : il ne faut pas confondre le temps que met une planète pour faire le tour du zodiaque et celui qu'elle met pour faire le tour du Soleil. Mercure reste environ trois semaines dans un signe et parcourt le zodiaque en trois cent cinquante-sept jours alors qu'elle met quatre-vingt-huit jours environ pour faire le tour du Soleil.

Pourquoi monter sa carte du ciel ?

C'est un point très important, bien qu'il ne soit pas souvent abordé dans les ouvrages d'astrologie. En effet, on peut s'intéresser à son thème pour diverses raisons. Certaines personnes le font pour mieux comprendre leur mission de vie et leur potentiel, tandis qu'une analyse prévisionnelle par rapport au thème pourrait aiguiller le natif à prendre des décisions au moment opportun.

L'astrologie est un outil, qui ne se substitue en aucun cas aux efforts que chacun d'entre nous doit fournir. Le libre arbitre reste toujours le dernier décisionnaire ; ainsi, il ne faut pas tout attendre de l'analyse de thème, tout comme on n'attend pas tout de son coach sportif. Nous devons également passer à l'action et nous donner les moyens d'atteindre les objectifs fixés.

Comprendre les points principaux de son thème

Le Soleil

En astrologie, le Soleil a une importance cruciale dans le thème astral. Il est très simple de connaître son signe solaire, car celui-ci dépend de la période de l'année à laquelle on est né, contrairement aux autres astres (on peut avoir la Lune dans n'importe quel signe du zodiaque, peu importe le jour de sa naissance).

Dans le thème astral, le Soleil représente l'individu. C'est notre vitalité, notre force, mais aussi nos centres d'intérêt. Dans les définitions des signes du zodiaque qui vont suivre, vous ne vous retrouverez pas dans toutes les caractéristiques de votre signe solaire, car l'analyse du thème astral est à nuancer en fonction des aspects reçus par le Soleil.

On dit que le Soleil représente le père, ainsi le placement en maison et en signe du Soleil peut-il donner des informations sur l'attitude de notre père durant notre enfance. Il évoque aussi nos aspirations, car le Soleil est lié à l'ego et à notre créativité. La position en maison du Soleil donne une idée assez précise des domaines qui intéressent le natif. Exemple : en maison 4 (maison rattachée au Cancer), le natif peut montrer un intérêt très fort pour les relations familiales, ses racines et son passé. Un sens patriotique et protecteur peut également se remarquer.

L'ascendant/le descendant

L'ascendant est la pointe de la flèche à l'extrémité gauche du thème. Cette flèche part de l'autre côté du thème, c'est-à-dire de celui du descendant. L'ascendant représente la maison 1 et le descendant la maison 7.

Dans le thème astral, l'ascendant est le point le plus personnel, car il est déterminé par l'heure de naissance. Il représente le libre arbitre, nos pensées intérieures, contrairement à ce que nous exprimons plus ouvertement avec le Soleil, qui met en lumière certains traits de notre personnalité. L'ascendant évoque également l'apparence physique de l'individu. Les planètes qui lui sont conjointes sont considérées comme étant dominantes. Par exemple, un ascendant Poissons conjoint à Mars peut indiquer que le libre arbitre est influencé par les croyances, les ressentis et les émotions, mais qu'une certaine détermination est tout de même présente, notamment sur le plan individuel.

L'ascendant évoque notre essence profonde, celle que nous ne montrons pas forcément aux autres. Le fait qu'il soit représenté par une flèche indique que c'est une direction de vie à suivre. Lorsque nous sommes enfants, notre ascendant est moins présent. Nous ne choisissons pas notre milieu social, notre environnement, ni même les écoles que nous fréquentons. C'est petit à petit que l'ascendant prend de plus en plus de place, jusqu'à s'exprimer totalement aux alentours de 29 ans, au moment du retour de Saturne. Ce procédé est plus ou moins rapide chez les individus et certains ne vont jamais jusqu'à l'expression totale de leur ascendant. L'analyse de celui-ci est très importante dans le thème, car sa position détermine les signes de toutes les maisons.

La Lune

La Lune dans le thème astral représente nos émotions, mais aussi nos racines. Associée au signe du Cancer, elle évoque notre rapport à la famille et l'instinct maternel chez la femme. Détail important qui n'est pas souvent mentionné : la Lune représente l'âme. Lorsque l'on étudie l'astrologie karmique, on se rend rapidement compte que cette planète occupe une place primordiale lorsque l'on évoque les mémoires karmiques.

Au-delà de tout cela, la Lune évoque notre sensibilité et notre intuition. Perçue comme une muse pour les artistes, la Lune partage avec nous une forte intimité, notamment parce qu'il s'agit de notre satellite naturel. Par ailleurs, elle est facilement visible, à l'exception des jours de nouvelle lune.

Comprendre la position de la Lune dans son thème, c'est travailler sur le rapport à la mère, à la naissance, à l'enfance et au besoin de sécurité lié aux émotions que nous avons tous. Ainsi, sa position en maison évoque un secteur de vie dans lequel les émotions auront un rôle important à jouer. Selon les aspects que la Lune reçoit, on peut découvrir une sensibilité forte ou, à l'inverse, un tempérament froid vis-à-vis des émotions.

Mercure

Planète la plus proche du Soleil, Mercure représente notre mental. Du fait de cette proximité, Mercure ne peut pas être au carré ou opposé à ce dernier. Cela est préférable, car il serait très compliqué d'avancer avec un mental en totale opposition avec notre être. Ainsi, Mercure ne peut se trouver que dans un signe voisin du signe solaire (ou dans le même). Elle représente notre mental, notre manière de comprendre, d'apprendre et de transmettre les choses. Mercure nous donne des informations sur notre rapport à l'amitié et à la fraternité. En réalité, à l'image du messager des dieux qui parcourait du chemin pour transmettre des informations, Mercure représente la communication sous toutes ses formes, mais aussi notre capacité à être proches des autres. Ainsi, la maison dans laquelle se trouve Mercure évoque un secteur de vie dans lequel il peut nous être aisé de communiquer. Par ailleurs, Mercure en signe met en lumière le caractère sociable ou discret d'une personne. Comprendre Mercure dans son thème, c'est apprendre à s'autocritiquer, car cette planète évoque nos pensées, bonnes ou mauvaises. C'est accepter les facilités de communication et les comportements oratoires qui jouent contre nous.

Nœuds lunaires

Les nœuds lunaires constituent un axe karmique. Le nœud nord représente la direction vers laquelle l'âme doit tendre dans cette existence et le nœud sud, lui, ce qui doit être mis de côté ou ce qui ne doit pas être une priorité car l'âme a déjà expérimenté des choses en lien avec la maison et le signe dans lesquels le nœud sud se trouve. Ce qui est lié au karma dans le thème astral est assez complexe à interpréter. Néanmoins, il est toujours intéressant de regarder où se trouve le régent du nœud nord, c'est-à-dire la planète rattachée au signe dans lequel il se trouve (exemple : Mars pour le Bélier, Vénus pour le Taureau, etc.) Le nœud nord évoque un besoin de réalisation dans un domaine précis (maison astrologique), mais cela ne se ressent pas forcément consciemment. Néanmoins, il n'est pas rare que notre intuition lui soit fortement liée. Comme les nœuds lunaires sont deux et qu'ils sont toujours opposés, il faut prêter attention à l'axe astrologique concerné, c'est-à-dire les deux signes opposés. Un nœud nord en Bélier implique forcément un nœud sud en Balance et inversement (voir liste des signes opposés page 263). Si le nœud nord est relié aux aspirations futures et au chemin d'âme, le nœud sud représente également la petite enfance, en particulier des difficultés que nous avons pu rencontrer. Lorsque l'on étudie l'astrologie karmique, on réalise que l'enfance et le passé karmique sont souvent liés.

Milieu du ciel

Il est associé à la mission de vie, qui englobe les besoins et la destinée de l'âme (nœud nord), du corps (Soleil) et de l'esprit (ascendant). Le milieu du ciel représente le début de la pointe de la maison 10 (maison du Capricorne). C'est un point important dans le thème et le signe dans lequel il se trouve influe beaucoup sur la personnalité de l'individu. Il évoque l'autorité que l'on véhicule (ou que l'on cherche à véhiculer) dans la société, étant donné nos aspirations et notre statut socioprofessionnel. Au-delà de l'aspect professionnel, il nous parle de l'empreinte que nous souhaitons laisser sur Terre, de la manière dont on souhaite que les autres se souviennent de nous. Pour l'analyser, il est important d'observer les planètes qui lui sont conjointes s'il y en a, le signe dans lequel il se trouve et l'astre de référence de ce signe. Souvent, il prend un tout autre sens aux alentours de 29 ans. En étant dans le haut du thème, il représente la destinée. Bien qu'il n'évoque pas de fatalité (l'ascendant est le libre arbitre), il indique une direction bien précise au travers du signe qui le représente.

ASTUCE POUR COMPRENDRE LE PLACEMENT D'UN ASTRE DANS LE THÈME

1 – Prendre en considération le signe dans lequel il se trouve et bien assimiler le mode et l'élément du signe.

2 – Prendre en considération le signe rattaché à la maison dans laquelle le Soleil se trouve (maison 1 = Bélier, maison 2 = Taureau, etc.).

Pour pousser plus loin l'analyse, il faut regarder les aspects qu'il crée avec les autres points du thème. C'est là toute la complexité de la gymnastique astrologique. Même avec la meilleure formation du monde, la maîtrise vient en pratiquant.

Les maisons et leur signification

Comme vu précédemment, la carte du ciel est divisée en douze parties que l'on nomme les « maisons ». Chacune représente un secteur de vie. Elles sont toutes associées à un signe du zodiaque selon l'ordre chronologique des signes, du Bélier aux Poissons. Ainsi, la maison 1 est reliée au Bélier, la maison 2 au Taureau et ainsi de suite. Les maisons sont divisées en deux groupes : les maisons personnelles, dans lesquelles on retrouve la vie familiale, l'ego et tout ce qui touche à la sphère privée, et les maisons impersonnelles, qui parlent de notre comportement en société.

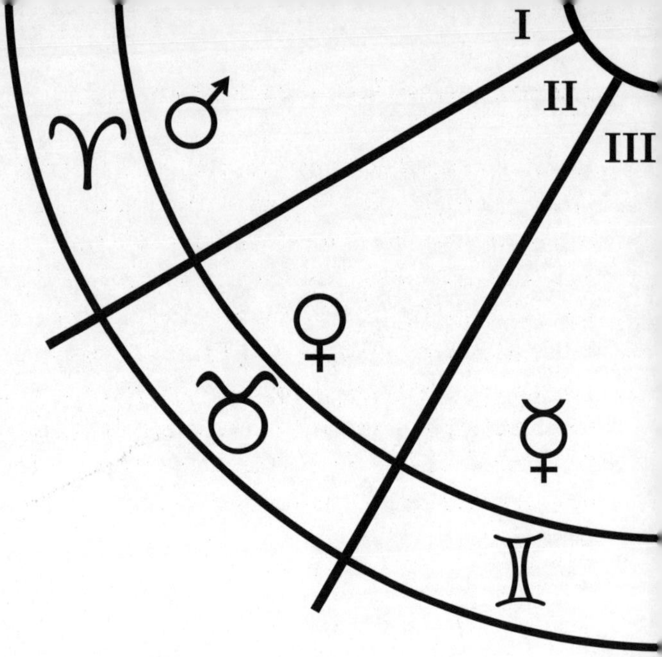

I
II
III

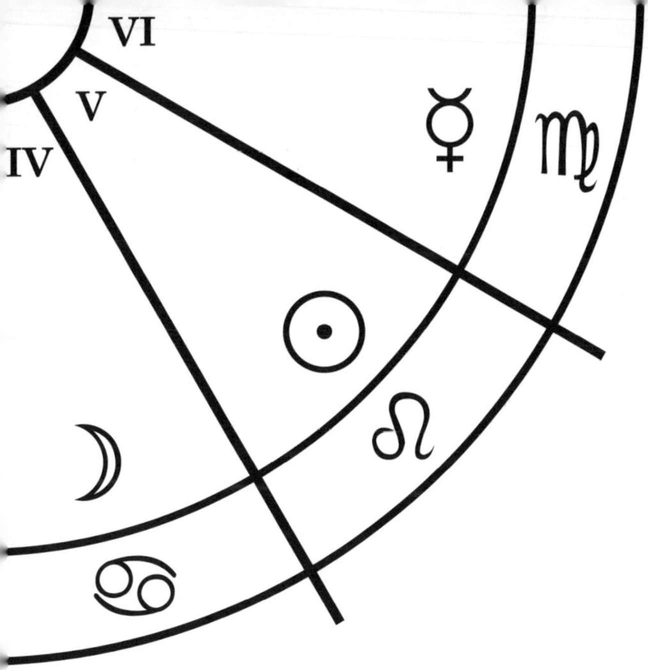

LES MAISONS PERSONNELLES : LA CONSTRUCTION DE LA PERSONNALITÉ

Maison 1 – **maison de terre rattachée au signe du Bélier**

La maison 1 correspond à l'ascendant qui est le point le plus intime du thème, car il est déterminé par l'heure et le lieu de naissance. Elle correspond à la nature d'une personne. Il est ici question de notre identité, de notre tempérament, de notre libre arbitre, de notre ego, mais aussi de notre apparence physique. Toutefois, ces facettes profondes de notre personnalité sont nuancées par l'éducation et par l'environnement parental, social et culturel dans lequel nous évoluons.

Maison 2 – **maison de terre rattachée au signe du Taureau**

Cette maison fait référence aux finances personnelles, à la manière de gagner et de dépenser l'argent. Il s'agit plus particulièrement du rapport à l'argent et à tous les biens matériels que l'on possède. Cet attachement peut toutefois devenir négatif si l'on ne garde pas les pieds sur terre, et qu'on se lance dans une quête de possessions matérielles qui peut vite se révéler sans fin. Cette maison correspond également à notre instinct de survie.

Maison 3 – **maison d'air rattachée au signe des Gémeaux**

Ce secteur de vie concerne notre manière de communiquer, d'apprendre et de comprendre les choses. C'est la maison de l'intellect, qui évoque les capacités d'apprentissage, ou encore les études supérieures, mais aussi les rapports sociaux avec l'environnement proche (amis, frères et sœurs, collègues…). Les déplacements ainsi que les voyages courts sont également représentés par ce secteur de vie.

Maison 4 – **maison d'eau rattachée au signe du Cancer**
Reliée à la famille et au lieu de résidence, cette maison représente l'endroit où se trouvent nos racines ainsi que celui où nous prendrons racine dans le futur. Elle touche donc à tout ce qui se rapporte à la vie intime et à l'équilibre dans le foyer. Si cette maison nous parle de notre enfance et de nos parents, en association avec le cocon familial, on y retrouve par analogie une évocation du sens patriotique.

Maison 5 – **maison de feu rattachée au signe du Lion**
Étroitement liée au cœur, cette maison symbolise les passions, l'amour, les affections diverses et l'enfant intérieur. Elle évoque notre manière d'être avec l'être aimé et notre envie de procréer. Elle nous donne également des indications sur les rencontres diverses que nous pouvons faire dans notre vie. On y retrouve également l'ego et la confiance en soi.

Maison 6 – **maison de terre rattachée au signe de la Vierge**
En lien avec le travail et la vie quotidienne, cette maison donne des informations sur notre comportement au quotidien et notre manière de gérer notre vie professionnelle. Elle nous renseigne sur notre besoin d'aider les autres, nos engagements et les soutiens divers que nous recevons. Elle est aussi la maison de l'hygiène et de la santé.

X
XI

LES MAISONS IMPERSONNELLES : NOTRE COMPORTEMENT EN SOCIÉTÉ

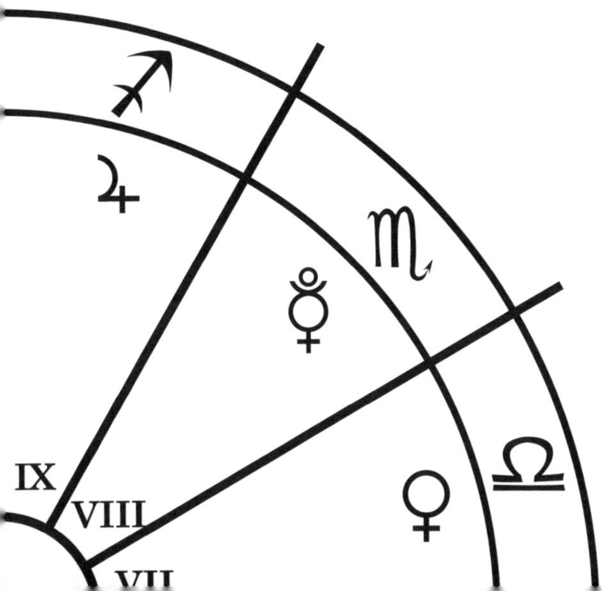

Maison 7 – **maison d'air rattachée au signe de la Balance**
Ce secteur de vie nous parle des alliances ou unions officialisées, qu'elles soient amoureuses, professionnelles ou associatives. Cette maison décrit notre manière de nous engager vis-à-vis de l'autre (collaboration, association, unions, couple), et le type de personnes qui nous attirent sentimentalement ou professionnellement. Elle donne également des indications sur notre relation à la justice et à l'administratif. En opposition à la maison 1 qui parle de notre personnalité profonde, cette maison nous invite à aller à la rencontre de l'autre et à évoluer à ses côtés.

Maison 8 – **maison d'eau rattachée au signe du Scorpion**
Rattachée aux crises, aux névroses et à l'inconscient, la maison 8 met en avant notre capacité à nous remettre en question et les grandes périodes de changement. Elle représente donc la psychologie et les sciences parallèles. Elle caractérise également le mariage et les relations officielles. En opposition à la maison 2 qui représente notre argent personnel, cette maison nous renseigne également sur la capacité à gérer l'argent des autres (dons, héritage…).

Maison 9 – **maison de feu rattachée au signe du Sagittaire**
Cette maison est synonyme d'apprentissages, de voyages, d'évolution et d'aspirations. Elle correspond à notre philosophie de vie, à nos principes moraux, à notre éthique et à nos valeurs spirituelles et/ou religieuses. Elle nous indique également les grands voyages ou les déplacements à l'étranger. En opposition à la maison 3 où l'on communique avec son entourage proche, la maison 9 invite à nous confronter à l'inconnu pour enrichir nos connaissances.

Maison 10 – **maison de terre rattachée au signe du Capricorne**

La maison 10 représente nos aspirations en matière de réussite sociale et professionnelle. Elle donne des informations sur notre ambition, notre profession et la manière dont nous nous projetons dans notre carrière. Cette maison renseigne sur le ou les domaines où la personne pourra exceller. On y retrouve aussi des éléments liés au père et à l'autorité. En opposition à la maison 4, évocatrice de la vie privée, la maison 10 nous parle de réputation, ainsi que de l'image que nous renvoyons aux autres.

Maison 11 – **maison d'air rattachée au signe du Verseau**

Les projets, les associations et notre manière de les faire aboutir sont liés à cette maison qui symbolise du futur. Elle se rapporte également aux relations hors du cercle familial (amis proches, collègues) et à la place que l'on occupe au sein de la communauté. On y trouve également des indications sur les rentrées d'argent professionnelles. En opposition avec la maison 5 axée sur la vie intime, c'est l'environnement humain global qui prédomine dans la maison 11.

Maison 12 – **maison d'eau rattachée au signe des Poissons**

Le secteur de vie de cette maison associée au passé lointain et karmique représente les épreuves, les remises en question, la fin d'un cycle. Il évoque notre besoin de solitude, la déconnexion et la réflexion avant de faire un nouveau choix de vie. Cette maison invite à se poser des questions sur certaines de nos relations ou amitiés. En opposition avec la maison 6 qui régit la santé, la maison 12 évoque les longues maladies et les situations d'enfermement (prison, hospitalisation).

Les énergies du zodiaque et les signes solaires

Le zodiaque est divisé en douze parties égales, chacune correspond à un signe. Lorsque nous parlons de notre signe astrologique, nous évoquons en réalité le signe dans lequel se trouvait le Soleil au moment de notre naissance. Le zodiaque nous apprend que tous les signes sont représentés dans notre carte du ciel, nous avons ainsi tous en nous une partie de chaque signe, certains plus présents que d'autres.

LES DOUZE SIGNES DU ZODIAQUE SONT :

Bélier, Taureau, Gémeaux, Cancer, Lion, Vierge, Balance, Scorpion, Sagittaire, Capricorne, Verseau et Poissons.

Ces signes se divisent en éléments et en modes

Les éléments

Lorsque l'on est à l'aise avec les symboles des planètes et des signes, il est assez facile de calculer la dominante en éléments. Sur le site www.astrotheme.fr, les signes sont colorés selon leur élément, et, en plus, une fonction qui permet de connaître le pourcentage de chaque élément dans votre thème vous est proposée.

L'élément feu nous parle d'action, c'est un élément à polarité yang, ce qui signifie qu'il est plus émetteur que récepteur d'énergie. Ainsi, les signes de feu (Bélier, Lion et Sagittaire) évoquent l'optimisme, l'ambition et l'indépendance. La chaleur symbolisée par le feu représente autant la générosité et la passion que le feu destructeur qui mène à la colère et à la violence. Avoir un thème en carence de feu peut parfois indiquer une difficulté à passer à l'action, à vivre ses passions, mais aussi un tempérament calme (en apparence, du moins). Souvent, le natif peut manquer d'optimisme et voir le verre à moitié vide. À l'inverse, un thème à dominante feu évoque une personnalité solaire, vive et optimiste. Souvent, le natif aura besoin d'indépendance et tendance à agir avant de réfléchir.

L'élément terre nous parle d'ancrage, de travail, de prudence et de réalisme. C'est un élément à polarité ying, ce qui signifie qu'il est plus récepteur qu'émetteur d'énergie. Ainsi, les signes de terre (Taureau, Vierge, Capricorne) évoquent la discrétion, le calme et le travail. La terre est l'élément le plus pessimiste et mise tout sur la prudence. Ainsi, un thème en carence de terre peut indiquer que le natif manque de maturité. Il peut être difficile pour lui de mettre en œuvre un projet durable et stable. Par ailleurs, un thème à dominante terre évoque une personnalité sérieuse, parfois froide et imperturbable. Ces natifs ont souvent du mal à vivre les changements et peuvent passer à côté de certaines opportunités s'ils ne se forcent pas à prendre des risques.

L'élément air nous parle de communication et d'évasion. C'est un élément à polarité yang. Ainsi, les signes d'air (Gémeaux, Balance et Verseau) évoquent la communication, le rapport à l'autre, mais aussi notre manière de réfléchir et nos apprentissages. L'air est l'élément qui met en avant nos réflexions et notre manière de les expliquer aux autres. Ainsi, un thème en carence d'air peut indiquer une timidité parfois très forte qui peut mener à un manque de confiance en soi. Souvent, cette configuration évoque des difficultés d'adaptation aux changements soudains et une facilité à apprécier la solitude. Un thème à dominante air évoque une personnalité sociable et un besoin de mouvement, qu'il soit physique (voyage, déplacements) ou intellectuel (besoin d'apprendre, de lire, de découvrir). On remarque également une forme d'instabilité chez ces natifs.

L'élément eau nous parle du monde invisible (émotions, ressentis) et de nos croyances. C'est un élément à polarité ying. Ainsi, les signes d'eau (Cancer, Scorpion, Poissons) évoquent le pouvoir de l'intention, de la vie intérieure. Le karma et la spiritualité sont également associés à ces énergies. L'eau est l'élément qui met en avant notre sensibilité et notre capacité à prêter attention au monde invisible. Ainsi, les personnes ayant un thème à dominante eau ont généralement une grande intuition (qu'elles suivent, parfois sans réfléchir) et sont sensibles à leur environnement. Les émotions peuvent être fortes et impacter énormément leur potentiel. À l'inverse, une personne qui manque d'eau dans son thème pourrait avoir tendance à négliger l'invisible et à chercher de la logique et du bon sens dans tout ce qu'elle entreprend. L'intuition est alors souvent délaissée.

- **Feu :** principe d'action, besoin d'individualisation et d'optimisme.
- **Terre :** principe de construction, réalisme et travail.
- **Air :** principe de communication, mobilité et lien social.
- **Eau :** principe émotionnel, imagination et spiritualité.

Les signes par élément			
Feu	Terre	Air	Eau
Bélier Lion Sagittaire	Taureau Vierge Capricorne	Gémeaux Balance Verseau	Cancer Scorpion Poissons

Les modes

Tous les signes d'un même élément n'ont pas le même mode. En effet, le mode est défini selon la position d'un signe dans la saison qu'il occupe.

Les signes cardinaux vont de l'avant et font preuve d'ambition. Ce sont des initiateurs. Ils n'apprécient pas toujours qu'on leur dise quoi faire. De ce fait, cela accentue le feu du Bélier, ce qui en fait le signe le plus indépendant et actif du zodiaque. Pour le Cancer, les émotions et le passé (la famille, les racines, l'Histoire) deviennent le moteur des actions. Cela lui permet de développer un instinct protecteur très puissant. La Balance va de l'avant et met beaucoup d'ambition dans les relations humaines, notamment la relation de couple. Elle n'hésite pas à parler aux autres et à se créer un environnement social conséquent. Quant au Capricorne, c'est l'envie de construire et son sens du travail qui le poussent à aller de l'avant, tout en restant calme et prudent.

Les signes fixes sont ancrés dans l'instant et cherchent à stabiliser les choses. Ce sont des piliers qui changent difficilement d'avis. C'est pourquoi le Taureau, qui combine ce mode avec un élément également lié à l'ancrage (la terre), est le signe le plus entêté du zodiaque, mais aussi le plus stable. C'est un signe sur lequel on peut se reposer, car il est fiable. Le Lion est le signe de feu le moins impulsif et rapide du fait de son mode fixe qui vient calmer les choses. C'est pour cela qu'il fait preuve de moins d'indépendance que le Bélier ou le Sagittaire, il a besoin de l'amour des autres. Le Scorpion est le signe d'eau qui maîtrise le mieux ses émotions, il en fait sa force, et sait faire preuve d'une concentration exemplaire, même s'il peut parfois tomber dans la paranoïa (en restant fixé sur ses idées). Quant au Verseau, il est le signe d'air le moins instable, car le mode fixe lui apporte l'envie de construire quelque chose à partir de ses idées. Ainsi, il sait réunir les gens, mais montre difficilement ses émotions.

Les signes mutables sont ouverts sur le futur. Ils sont adaptables et savent anticiper les choses, tout en profitant de l'instant présent. C'est pour cela que le signe des Gémeaux est considéré comme le moins ancré, car l'élément air mélangé au mode mutable accentue sa curiosité et sa tendance à changer de trajectoire. Le signe de la Vierge combine l'ancrage de la terre à un mode adaptable. Ainsi, la Vierge est le signe de terre qui anticipe le mieux le futur et qui comprend très bien les besoins des autres. Le Sagittaire est un aventurier, il combine le feu à ce mode, ce qui lui donne parfois l'impression d'être invincible. Sa soif d'apprentissage peut le mener très loin et, parfois même, le perdre. Quant aux Poissons, c'est le signe le plus mystique du zodiaque. Son élément eau évoque la spiritualité et l'inconscient. Étant lié au mode mutable, cela le pousse à voir toujours plus grand et à chercher toujours plus loin dans l'invisible. C'est pour cela qu'il représente les rêves et les espoirs.

- **Mode cardinal** pour les signes qui ouvrent une saison : ambition, détermination et instinct protecteur.
- **Mode fixe** pour les signes qui sont au milieu d'une saison : stabilité, solidité, persévérance.
- **Mode mutable** pour les signes qui terminent une saison : ouverture d'esprit, adaptabilité, polyvalence.

Les signes par mode			
Saison	Cardinal	Fixe	Mutable
Printemps	Bélier	Taureau	Gémeaux
Été	Cancer	Lion	Vierge
Automne	Balance	Scorpion	Sagittaire
Hiver	Capricorne	Verseau	Poisson

ASPECTS ET EXPRESSIONS DES SIGNES

LE BÉLIER

Caractéristiques du signe du Bélier

Période
Du 20/21 mars au 19/20 avril[1]

Élément
Feu

Polarité
Yang masculine

Astre relié
Mars

Mode
Cardinal

Couleur associée
Rouge

Pierre
Hématite

Maison astrologique
1

Mythologie et caractère

Le Bélier est le premier signe du zodiaque. Son tempérament de leader et son optimisme naturel font de lui le candidat idéal pour ouvrir le bal de l'année zodiacale, qui

1. *Cela peut changer avec les années bissextiles.*

commence le 20 ou le 21 mars selon les années, ce qui correspond au premier jour du printemps.

Représenté par Mars, planète rouge, et dieu de la guerre chez les Grecs, ce signe, combattant du zodiaque, est accompagné de plusieurs mythes.

Dans la mythologie grecque, Athamas est un roi qui eut des jumeaux, Hellé et Phrixos, avec sa première femme, Néphélé. Sa nouvelle épouse, Ino, développant une haine pour les descendants de son mari, manipula ce dernier afin qu'il les sacrifie pour préserver le royaume d'une supposée famine. Athamas était sur le point de les tuer quand Zeus l'en empêcha, grâce aux multiples prières de Néphélé. Zeus envoya donc Chrysomallon, un bélier ailé à la toison d'or, grandiose et enflammée, pour sauver les deux enfants. Les jumeaux montèrent alors sur le bélier, qui les conduisit vers l'est pour les sauver. Contrairement à son frère, Hellé ne survécut pas, la chaleur des flammes du bélier l'ayant privée d'oxygène et fait chuter dans la mer.

Une fois sur la terre, Phrixos sacrifia le bélier en l'honneur de Zeus et confia la toison d'or de l'animal au roi Éétès. En signe de gratitude, Zeus plaça le bélier dans le ciel, parmi les constellations. Hellé, quant à elle, devint une divinité marine et fut séduite par Poséidon, avec qui elle eut deux enfants : Péon et Édonos.

Dans ce mythe, le symbole du feu de la toison d'or représente l'élément du Bélier, et le masculin est mis en avant par le fait que seul le garçon survécut à cette traversée. Dans le thème astral, l'Est, direction prise par Chrysomallon pour sauver les jumeaux, est caractérisé par l'ascendant qui débute avec la maison 1, celle du Bélier.

À la fin de la traversée, il ne reste qu'un enfant. C'est ce que représente l'énergie Bélier : l'individualité, la construction du soi profond, du libre arbitre et des envies.

Le Bélier apparaît comme celui qui prend les devants, celui qui est à l'initiative de quelque chose et qui n'a pas peur du danger. Réputé loyal et courageux, le Bélier n'hésite pas à foncer lorsqu'il sent que son instinct le lui ordonne. Guidé par ses pulsions, il manque par moments de réflexion, car il agit sur l'instant. Sa bravoure et sa ténacité peuvent faire de lui un leader, ce qui lui attire l'admiration, mais aussi la jalousie et l'envie de certains.

Au travers de ce mythe relié au premier signe du zodiaque, on trouve une référence au dernier signe de celui-ci : les Poissons. En effet, Hellé tombe dans la mer et se noie dans les eaux qui représentent le féminin, la spiritualité et l'inconscient, pour ensuite devenir une divinité aquatique et donner naissance à deux enfants. Le signe des Poissons se définit toujours au pluriel, représenté par deux poissons, comme les deux enfants d'Hellé. Sa chute puis sa renaissance dans l'âme d'une divinité retranscrivent l'essence de l'énergie Poissons, soit la spiritualité, la renaissance, la transformation.

Pour être à la tête du zodiaque, il faut être puissant et n'avoir peur de rien. C'est pour cela que la planète Mars est rattachée au signe du Bélier en astrologie. L'initiateur, le visionnaire, celui qui ose et celui qui fait. À l'origine, Mars était le dieu de l'agriculture, c'est pourquoi le printemps est la période du Bélier. Il devint ensuite le dieu de la guerre, des combats et correspond à Arès dans la mythologie grecque. Ainsi, dans le thème astral, cette planète évoque l'impulsivité, la guerre, la violence, la sexualité, la force et la destruction. Astre de feu, Mars forme avec le Soleil et Jupiter un trio énergique qui pousse à aller de l'avant et surtout à exprimer ses désirs et à écouter son instinct. La présence de cette planète est un indicateur sur la confiance en soi, la force de chaque individu à exprimer ses besoins, ses envies et ses motivations. Le bélier est donc un signe qui ne juge pas les autres et qui ne se préoccupe pas de ce que l'on peut penser de lui.

La combinaison des mythes de Mars et du bélier à la toison d'or met en avant le courage de ce signe téméraire. Le Bélier est vif, rapide et préfère suivre son instinct plutôt que tout autre chose. Sa complémentarité se fait avec son signe opposé : la Balance. Apprendre la diplomatie, le tact et faire preuve de plus de réflexion avant d'agir sont des mécanismes que le Bélier doit acquérir, car son impulsivité est à la fois une force qui crée des occasions, mais elle peut aussi causer du tort, voire des conflits.

Le Bélier et l'amour

Allergiques à la stagnation, les natifs du signe du Bélier ont besoin de mouvement, d'action et de passion dans leurs amours. La précipitation caractérise ce signe et le rend sujet aux coups de foudre. Attention, car les relations peuvent se terminer aussi rapidement qu'elles ont commencé. Pour séduire le Bélier, il faut faire en sorte de laisser la flamme des débuts brûler le plus longtemps possible, car l'ennui et la routine sont les pires ennemis du couple pour cette bête à cornes. Il peut se lasser rapidement. Séducteur et indépendant, il est réputé pour être libéré sexuellement.

De nature optimiste et joviale, le Bélier aime pratiquer diverses activités avec son partenaire, comme le sport ou des voyages, et il se peut même que certains natifs aient envie de travailler et d'innover à deux.

Loyal et honnête, le Bélier peut se montrer jaloux. Il a donc besoin d'être rassuré et, paradoxalement, il n'aime pas être trop en fusion avec son partenaire. Le besoin d'indépendance de ce signe est primordial.

On reproche souvent au Bélier des difficultés de communication dans le couple en raison de son caractère impulsif. Pour se tempérer, le Bélier doit apprendre à faire des concessions et comprendre que la patience est nécessaire dans la construction d'une relation stable et sereine. Passionné, il a tendance à se laisser diriger par ses pulsions diverses. Ce signe parfois trop franc peut vexer sa moitié, ce qui nuit à la bonne évolution du couple. Il a d'ailleurs la réputation de s'irriter facilement, mais il sait retrouver son calme rapidement.

Son côté protecteur est, quant à lui, très rassurant, le Bélier sait utiliser sa force pour protéger son partenaire et lui faire comprendre qu'avec lui il est en sécurité. Signe de la virilité par excellence, le Bélier est direct et ne veut pas perdre de temps avec des non-dits, il préférera avouer ses sentiments à la personne convoitée plutôt que rester dans le doute.

Le tempérament du Bélier

La communication se fait de manière énergique. Le Bélier n'accorde pas beaucoup de temps à la réflexion, il privilégie l'action. Dans les échanges sociaux, le Bélier va à l'essentiel : les discussions interminables et les débats infinis ne sont pas pour lui. Il aime quand les choses sont claires et que les informations aient un but utile. On lui attribue souvent un sens de l'humour prononcé et un côté pince-sans-rire. Le mental Bélier est apparenté à celui des inventeurs, des conquérants et des décideurs.

C'est un signe qui arrive à associer rapidement les idées et tire des conclusions spontanées. La parole est rythmée et rapide, ce qui peut le rendre difficilement compréhensible pour certains. Le Bélier est souvent adepte de bavardage et va fréquemment au conflit car la diplomatie et la douceur ne font pas partie de ses qualités.

Sa communication est inspirante, convaincante et optimiste ; c'est un signe qui sait redonner le moral au groupe. Sa posture de leader et son autorité laissent parfois peu de place à ses interlocuteurs.

Par générosité, il peut prendre du temps pour aider un proche à se relever d'une épreuve. Le Bélier est l'ami que l'on appelle en cas de coup de blues. Ses conseils, sa jovialité et son entrain sont toujours appréciés.

Le Bélier au travail

Avec son tempérament de leader et d'entrepreneur né, le Bélier est vif et réactif au travail. Attentif à toutes les occasions qui pourraient se présenter, il n'hésite pas à s'engager et à foncer pour atteindre ses objectifs. Dès lors qu'il est passionné par une tâche ou un projet, il peut ne plus s'arrêter, allant jusqu'à frôler le burn out.

Optimiste, il voit le verre à moitié plein et sait se relever d'échecs et de déceptions là où d'autres auraient abandonné. En faisant preuve d'obstination et de détermination, il s'impose aux yeux des autres et peut susciter l'admiration de certains et la jalousie d'autres. C'est un signe qui n'hésite pas à déployer tous ses efforts pour relever de nouveaux défis. Le Bélier a besoin d'une activité professionnelle stimulante où les tâches ne sont pas redondantes. Des métiers comme chef d'entreprise, sportif, policier, militaire lui iraient à merveille ainsi que toutes les professions qui impliquent de l'inattendu et un esprit de compétition. Indépendant, il a du mal à supporter la hiérarchie. Il peut avoir tendance à n'en faire qu'à sa tête et à prendre trop d'initiatives.

La prise de risque est à la fois une qualité et un défaut chez le Bélier. Là encore, c'est le côté tempéré du signe opposé, la Balance, qui lui permettra d'exceller en s'efforçant de collaborer plutôt que diriger, de négocier plutôt qu'imposer et de planifier plutôt que foncer.

Le Bélier et l'argent

Le Bélier étant un signe indépendant, il éprouve un intérêt assez fort pour l'argent, plutôt pour la liberté d'action que cela lui apporte que pour son enrichissement personnel. La réussite d'un projet ou d'une société (et donc des objectifs financiers) peut stimuler ce signe à la nature entreprenante et compétitive.

Lorsqu'il s'agit de gérer son argent, le Bélier peut avoir une tendance à dépenser sans compter. Son côté impulsif lui fait faire des folies. Il est donc difficile pour ce signe de se créer une stabilité financière durable. À noter que, si les sorties d'argent peuvent être rapides, c'est également le cas pour les rentrées, qu'elles soient dues à des primes ou à un gain quelconque.

Il est adepte du « on ne vit qu'une fois » dès qu'il est question de dépenser.

Sa générosité fait qu'il n'est pas rare qu'il oublie à qui il a prêté de l'argent puis qu'il s'en souvienne soudainement, car le Bélier avance au gré de ses humeurs, de ses envies et de ses coups de cœur.

Pour pallier ses faiblesses, le Bélier doit regarder vers son signe opposé, la Balance. Symbole de l'harmonie et de l'équilibre, cette énergie évoque la justesse et freine les excès. C'est en travaillant sur ces aspects que le Bélier évitera des difficultés financières.

La santé du Bélier

En astrologie, le signe du Bélier gouverne la tête. Généralement, c'est une énergie qui tombe peu malade, comme si elle n'avait « pas le temps » de s'autoriser à s'arrêter. Sujet au stress, le Bélier est un signe qui ne sait pas s'accorder du repos. En matière d'organisation et d'hygiène de vie, il peut avoir tendance à se négliger, ce qui a des incidences sur son bien-être. Le Bélier peut être sujet à l'épuisement, car son besoin d'action est quasi permanent.

Par symbolisme, tous les maux reliés à la tête (oreilles, yeux, dents, sinus…) sont assez courants chez le Bélier. Pour s'apaiser, celui-ci doit prendre exemple sur le Cancer et le Capricorne en écoutant ses émotions, mais aussi en apprenant que la rapidité n'est pas toujours un facteur d'épanouissement. Prendre le temps de faire les choses, d'écouter ses ressentis, son corps est primordial.

Les tourments du Bélier

La première crainte du Bélier est l'échec. Optimiste par excellence, il voit toujours le verre à moitié plein et son tempérament peut donc être teinté d'idéalisme plus que de réalisme. Cela l'amène bien souvent à se fixer des objectifs inatteignables et donc, lorsqu'il échoue, il peut vivre un choc émotionnel fort.

Indépendant et libre par nature, le Bélier n'aime pas les lieux clos et peut avoir de réelles phobies comme la claustrophobie. Dans un sens plus large, il peut craindre d'être privé de liberté d'action, de libre arbitre et d'indépendance.

Généreux et attaché à ses proches, le Bélier craint énormément pour la sécurité des gens qu'il aime. Son tempérament protecteur peut l'amener à culpabiliser si un proche a besoin d'aide et qu'il n'a pas su ou pu réagir en temps et en heure.

Les clés de son équilibre

L'évolution du Bélier passe par l'apprentissage de la notion de groupe et de collaboration. Cet aspect peut lui parler, mais ce qu'il fait passer en premier, c'est la réalisation personnelle, car, pour être bien avec les autres, il faut être bien avec soi. La notion de réussite est souvent associée au fait d'être premier. Pour son évolution, le Bélier doit arrêter de comparer sa position à celle des autres, et plutôt regarder d'où il vient.

Le Bélier doit appliquer la douceur et la sensibilité dans ses choix, en prenant un peu plus en considération son entourage proche (familial et amical). La Balance lui suggère de faire des compromis et d'user de tact et de diplomatie. Ainsi, le Bélier pourrait trouver des solutions collectives sans prendre la mouche ni faire passer ses besoins individuels au premier plan. Le Capricorne, lui, l'invite à plus de sérieux, de maturité et de patience.

Par sa position de leader du zodiaque, le signe du Bélier n'a « pas le droit à l'erreur ». Par conséquent, il ne s'autorise ni à flancher ni à avoir une baisse de moral ou d'énergie. Seulement, ce rythme ne peut être maintenu sur le long terme, il doit apprendre à lâcher la pression qu'il s'inflige afin d'exprimer tout son potentiel.

En résumé, les plus grandes qualités et les plus grands défauts du Bélier

Qualités	Défauts
COURAGEUX	COLÉRIQUE
INDÉPENDANT	IMPULSIF
ENTHOUSIASTE	INDIVIDUALISTE

Qualités	Défauts
ÉNERGIQUE	POSSESSIF
AMBITIEUX	MAUVAIS PERDANT
HONNÊTE	JALOUX
LOYAL	IMPATIENT
SIMPLE	NERVEUX
PASSIONNÉ	IMPÉTUEUX

Ce que révèlent les décans…

1er décan, du 20/21 au 31 mars

Ce décan est doublement sous l'effet de Mars, ce qui décuple en intensité les caractéristiques apportées par Mars : la combativité, le courage et la passion. Ces natifs détestent l'ennui et la routine, et on leur remarque une tendance à abandonner un objectif en cours pour un autre. Un goût du risque peut parfois se faire ressentir, ainsi qu'un besoin d'adrénaline fort.

2e décan, du 1er au 10 avril

Placés sous le signe du Soleil, ces natifs ont également un côté Lion, deuxième signe de feu du zodiaque. Charisme et leadership sont leurs grands points forts et ils prennent énormément en considération le regard des autres. En effet, la réussite est importante à leurs yeux, mais, surtout, elle doit être visible. Par ailleurs, ce décan accentue la générosité, les besoins affectifs ainsi que l'ambition.

3e décan, du 11 au 19/20 avril

L'énergie de Vénus qui marque les natifs de ce décan les dote de caractéristiques des Taureaux et Balances. Ils sont les Béliers les plus diplomates. On retrouve ici le Bélier qui a besoin de rassurer et motiver les troupes et qui tire une grande satisfaction de la réussite des autres. L'individualisme peut cependant se vêtir du côté têtu du Taureau, ce qui peut se traduire par une mauvaise foi flagrante par moments.

LE TAUREAU

Caractéristiques du signe du Taureau

Période
Du 19/20 avril au 20/21 mai[1]

Élément
Terre

Polarité
Yin féminine

Astre relié
Vénus

Mode
Fixe

Couleur associée
Vert

Pierre
Saphir

Maison astrologique
2

Mythologie et caractère

Deuxième signe du zodiaque, le Taureau introduit la notion de stabilité. Il est associé à l'ancrage, et se montre plus prudent et patient que son prédécesseur, le Bélier,

1. *Cela peut changer avec les années bissextiles.*

qui ouvre le cercle zodiacal. Il est également associé à Vénus, planète de l'amour, de la beauté et de la fertilité. Il n'est pas étonnant que les mythes qui accompagnent ce signe se rapportent aux relations charnelles et à l'aspect charmeur et sensuel du Taureau.

Dans la mythologie grecque, Zeus tomba amoureux de la princesse Europe. Afin de la séduire et ne pouvant apparaître tel un dieu devant elle, il décida de se transformer en taureau blanc aux cornes en croissant de lune. Le taureau, docile face à la jeune femme, gagna sa confiance. Elle finit par l'approcher, puis monta sur son dos. Zeus l'emmena alors sur l'île de Crète et trois enfants naîtront de leur union, dont Minos, qui deviendra par la suite roi de la cité minoenne, l'une des plus prospères de l'époque. En mémoire de cette rencontre entre Zeus et Europe, le taureau fut placé parmi les constellations.

À travers ce mythe, le Taureau symbolise la jouissance de la vie. Il représente l'attirance, l'envie et le plaisir que l'on trouve dans l'amour. C'est donc l'un des signes les plus épicuriens du zodiaque. Le Taureau se montre également très persévérant et possessif, deux aspects qu'illustre bien ce mythe : Zeus avait un objectif, il mit donc tous les moyens en œuvre pour atteindre son but en isolant Europe sur l'île de Crète.

La suite de ce mythe révèle un côté bien plus sombre du Taureau. Minos, fruit de l'union de Zeus et Europe, offensa le dieu Poséidon. En guise de représailles, celui-ci envoya à la femme de ce dernier un taureau blanc semblable à l'apparence autrefois revêtue par Zeus. Crédule, la femme de Minos tomba amoureuse de l'animal et de cette union interdite naîtra le Minotaure, un monstre au corps humain et à la tête de taureau qui se nourrissait de chair humaine.

Pour cacher cette honteuse progéniture, Minos demanda à l'ingénieux Dédale de construire un labyrinthe dans lequel il enferma la bête. Symbole de l'une des facettes de la personnalité du Taureau, le Minotaure représente l'homme dominé par ses pulsions les plus instinctives et animales.

Aujourd'hui, les pulsions du Taureau qu'évoque la mythologie du Minotaure prennent un sens bien différent. Puisque le Taureau n'a plus la nécessité de chasser pour se nourrir, son instinct de vie et de survie passe par l'importance, ou l'obsession selon les cas, accordée par ce signe à l'argent et aux possessions matérielles. En effet, le Taureau raffole des bonnes choses de la vie. La beauté l'attire, qu'elle soit physique ou encore artistique. De nature têtue et persévérante, il n'aime pas avoir tort et être contredit. Bien qu'il soit souvent de mauvaise foi, il arrive aisément à faire accepter son défaut en jouant de ses charmes.

Le Taureau est également très casanier, il a parfois du mal à trouver la motivation pour sortir de chez lui. Les fêtes et les activités ne sont pas son fort.

Le Taureau et l'amour

Avec Vénus à ses côtés, le Taureau ne peut être que romantique et passionné dans ses relations amoureuses. Pour autant, cela ne veut pas dire qu'il exprime facilement ses sentiments. La pudeur reliée à l'élément terre de ce signe peut l'inviter à la prudence et à la retenue. Toutefois, le Taureau peut se montrer très tactile avec son partenaire, car c'est un signe relié à la matière et donc au contact du réel.

En amour, le Taureau est sensuel et charmeur. Il fait preuve d'une grande persévérance pour faire durer son couple. Il aime prendre son temps et ses relations se construisent petit à petit. Les flirts éphémères ne sont pas sa tasse de thé ; il préférera la solitude en attendant de trouver sa moitié. Le dicton « mieux vaut être seul que mal accompagné » lui va à ravir. La routine du couple et de la famille ne le rebute pas, bien au contraire, il cherche à fonder un foyer et à s'engager. Attention toutefois à ce qu'il ne s'obstine pas à vouloir tout contrôler ou à être trop possessif, ce qui ne laisserait plus aucune place à l'imprévu et aux surprises.

Épicurien, il aime partager les petits plaisirs de la vie avec son partenaire. Son côté romantique ne se manifeste pas à travers de beaux et longs discours, mais plutôt par des actes et des cadeaux. Sexuellement, le Taureau accorde une grande importance au désir, ce qui en fait un partenaire hors pair, même s'il se révèle un peu timide au premier abord. Les apparences sont trompeuses.

Pour séduire le Taureau, honnêteté et naturel sont de mise. Rien de pire pour lui que la superficialité. Son authenticité et son ego ne lui permettent pas de faire l'impasse sur ses principes ; il peut lui arriver de faire preuve d'une rancune tenace lorsqu'il est déçu, il pourrait même prendre la fuite.

Le tempérament du Taureau

Le Taureau communique de manière posée et calme. Il écoute avec patience et attention, car il aime que l'on prenne le temps de bien expliquer le fond de sa pensée. Globalement, la communication du Taureau repose sur son bon sens. Les commérages ne l'intéressent pas du tout, on peut même dire qu'il y est indifférent.

De manière générale, le Taureau peut avoir tendance à se répéter (on lui trouve ici un point commun avec le Cancer). Il aime bien que les choses soient expliquées plusieurs fois, car cela l'aide à mémoriser plus facilement. À l'inverse, il a besoin de temps pour développer son point de vue et l'exprimer, ce qui le rend parfois ennuyeux pour les autres.

Dans l'environnement social, le Taureau ne se met pas forcément en avant et l'on pourrait presque le qualifier de timide dès lors qu'il est hors de sa zone de confort. Il n'hésitera pourtant pas à donner son avis si quelque chose lui déplaît, quitte à s'énerver, à l'image du taureau qui semble paisible en surface mais devient parfois incontrôlable. Le Taureau a des principes et n'hésite pas à les défendre ; il peut tenir tête à son interlocuteur pendant des heures et parfois montrer une grande fermeture d'esprit. Ici aussi, il doit prendre exemple sur le Verseau pour faire preuve de moins de rigidité et de plus d'ouverture d'esprit.

Le Taureau au travail

Le travail est l'un des piliers de l'élément terre. Courageux, ambitieux et persévérant, le Taureau se montre sérieux au travail. Avec son mental rationnel, il analyse rapidement toutes les possibilités avant de se lancer, ce qui en fait une valeur sûre.

Lorsqu'il commence un nouvel emploi, le Taureau peut mettre du temps à prendre ses marques, mais, une fois que c'est chose faite, il donne l'impression qu'il est là depuis toujours. Il est rapidement considéré comme irremplaçable dans une équipe parce qu'il sait optimiser chacune de ses actions. Dans les processus, il déteste les étapes inutiles et n'hésitera pas à donner son point de vue s'il considère une tâche improductive. Cependant, il n'aime pas prendre de décisions radicales, car cela implique une trop grande responsabilité. Les métiers où le stress est de mise ne l'attirent pas. Pour apprécier la vie au travail, le Taureau a besoin d'être dans une ambiance conviviale.

Son bon goût rend le Taureau prédisposé aux métiers artistiques (musique, cinéma...) ou aux professions en lien avec l'art. Sa relation forte à la matière peut l'amener à travailler dans la finance, la construction ou encore l'immobilier. Fin gourmet, on le retrouve aussi dans les métiers de bouche. Son intérêt pour l'argent et sa prudence sont de sérieux atouts quand il veut monter sa propre affaire.

Au travail, le Taureau est déstabilisé par l'incertitude. Il ne supporte pas de travailler avec des personnes peu impliquées, car ce n'est pas en adéquation avec ses principes. Il aime que les autres puissent compter sur lui, donc il attend la même chose de son entourage professionnel.

Le Taureau et l'argent

Au sein du zodiaque, le Taureau représente l'argent, il s'agit donc de l'une de ses préoccupations principales. Ce signe peut se montrer très économe, car il a besoin de se sentir en sécurité, à l'abri du besoin. Soit il cherchera à gagner toujours plus d'argent, soit il adoptera une attitude sérieuse et responsable vis-à-vis de ses finances afin de maintenir une stabilité financière.

En amour et en amitié, le Taureau dépense souvent de manière excessive pour faire plaisir aux autres, mais aussi à lui-même. En effet, ce sont les petits plaisirs de la vie qui apportent au Taureau, signe le plus épicurien du zodiaque, le plus de satisfaction. Lorsqu'il se sent en insécurité financière, il peut adopter un comportement totalement opposé et devenir très économe, voire pingre envers lui-même et son entourage.

Le rapport à l'argent est aussi dû au labeur. C'est un signe qui considère comme tout à fait normal de travailler dur pour bien gagner sa vie. En général, sa conscience de la valeur de l'argent vient du fait qu'il a gagné celui-ci à la sueur de son front. Le Taureau est d'ailleurs souvent intéressé par les investissements, qu'il effectue avec brio, notamment dans le secteur immobilier.

La santé du Taureau

En anatomie, le Taureau représente la gorge, le cou, la nuque et les cordes vocales. Généralement, le Taureau est robuste et fait preuve d'une bonne résistance aux maladies. Les natifs de ce signe peuvent toutefois être sujets à des soucis de santé en lien avec l'alimentation (diabète, obésité) car leur côté épicurien les pousse parfois à des excès alimentaires.

Par ailleurs, il arrive que les efforts physiques intenses soient source de difficultés (fracture, foulure) car le Taureau n'est pas très agile. Il doit s'efforcer de s'adonner à un sport de manière régulière car son côté indolent et casanier peut le maintenir dans une certaine inactivité.

Le Taureau aime le calme. Ainsi, lorsqu'un changement ou un événement soudain se produit, il peut facilement être sujet au stress et devenir très nerveux.

Pour dépasser ses travers, le Verseau lui montre que vaincre sa passivité lui permet de conserver une bonne santé.

Les tourments du Taureau

La grande peur du Taureau est de perdre sa sécurité matérielle et financière. Le cas échéant, il serait plongé dans le tourment, car il éprouve un puissant besoin de contrôler les choses.

Autant dans sa vie amoureuse, familiale ou amicale qu'au travail, le Taureau est toujours en quête de stabilité. Il anticipe au maximum et à tous les niveaux pour ne manquer de rien. Il a peur de perdre ce qu'il a construit et surtout de voir son confort partir en fumée, d'autant plus qu'il adore les belles choses. Il est vrai que le Taureau est un brin matérialiste. En cas de difficulté financière, il peut facilement perdre pied en imaginant son petit monde s'effondrer.

Signe de terre fixe, il n'y a pas plus concret que lui. Tous les changements soudains peuvent rendre le Taureau inefficace car il a besoin de temps pour reprendre ses marques, pour se réadapter. Toute sa vie, il veillera à préserver une situation sécurisante en contrôlant les choses.

Les clés de son équilibre

Que ce soit en matière de possessions ou de finances, le Taureau est un signe particulièrement au contact du réel et de la matière. Sa réussite est surtout liée au fait d'aimer les choses qu'il possède, et pas tant au fait d'en avoir beaucoup.

Le Taureau n'est pas un solitaire dans l'âme et il a besoin d'une grande sécurité affective, même s'il préfère être seul que mal accompagné. Il privilégiera un schéma de couple car, pour lui, l'évolution devient plus intéressante si elle est faite à deux.

Pour s'épanouir, le Taureau doit se reconnecter à son for intérieur et à ses sentiments. Le Verseau lui montre que rester sur la même idée nuit parfois à son évolution, alors que le Lion l'incite à lâcher prise sur ses peurs et l'autorise à accepter les imprévus.

Coincé entre un signe de feu (le Bélier) et un signe d'air (les Gémeaux), le Taureau est le symbole de la stabilité. Inconsciemment, une pression pèse sur ces natifs qui ne s'autorisent pas la moindre erreur. Ils oscillent entre des périodes d'autodiscipline stricte et d'autres où leur manque de concentration prend le dessus, les faisant parfois sombrer dans le relâchement et la fainéantise. L'évolution du Taureau se fait étape par étape, sans précipitation, et surtout dans le calme.

En résumé, les plus grandes qualités et les plus grands défauts du Taureau

Qualités	Défauts
FIDÈLE	ENTÊTÉ
STABLE	RANCUNIER
LOYAL	POSSESSIF

Qualités	Défauts
ENDURANT	GOURMAND
TRANQUILLE	SUSCEPTIBLE
PERSÉVÉRANT	INDIVIDUALISTE
TRAVAILLEUR	JALOUX
DÉTERMINÉ	AUTORITAIRE
RESPONSABLE	RADIN

Ce que révèlent les décans…

1er décan, du 19/20 au 30 avril

Sous l'effet de Mercure, ces natifs sont plus portés sur la communication. Ils sont naturels, expressifs et disposent d'un fort pouvoir d'attraction. Mercure étant l'astre de la mobilité, ils n'ont pas peur du changement. Une tension peut survenir entre leur côté casanier et cet élan de dynamisme, ce qui peut leur faire ressentir un tiraillement inconfortable lors de prises de décision. Ils ne cherchent pas forcément la facilité ; au contraire, ils s'attaquent à des projets ambitieux et complexes.

2e décan, du 1er au 10 mai

Tout particulièrement placés sous le signe de la Lune, ces Taureaux ont un côté casanier très marqué. L'attachement à leur terre natale ainsi qu'à leur famille est très puissant. Ces natifs ont plus de facilité à accepter leur vie intérieure et parlent avec plus de spontanéité de leurs sentiments. Ils ne manquent pas de créativité ni de talent pour s'exprimer, autant dans le domaine amoureux que professionnel. Ils sont particulièrement épicuriens et fins gourmets.

3ᵉ décan, du 11 au 20/21 mai

L'énergie de Saturne apporte à ces natifs rigueur, stabilité et autodiscipline. Ils peuvent parfois manquer d'ouverture d'esprit et être trop sérieux. Ils parviennent à combler leurs besoins financiers conséquents grâce à leur acharnement au travail. Leur grand point faible est leur propension à négliger, voire à taire, leur vie intérieure, ce qui peut entraîner une certaine mélancolie.

LES GÉMEAUX

Caractéristiques du signe des Gémeaux

Période
Du 20/21 mai au 20/21 juin[1]

Élément
Air

Polarité
Yang masculine

Astre relié
Mercure

Mode
Mutable

Couleurs associées
Blanc, gris

Pierre
Agate

Maison astrologique
3

Mythologie et caractère

Troisième du zodiaque et dernier du printemps, le signe des Gémeaux vient clore cette saison et prépare le terrain pour l'été. Associés à Mercure, le messager des dieux, les

1. *Cela peut changer avec les années bissextiles.*

Gémeaux nous parlent de mobilité, de contact social et humain ainsi que de fraternité, notions présentes dans les mythes reliés à ce premier signe d'air. Mercure est aussi le dieu du commerce et des voyages. Son côté versatile fait qu'on lui prête plusieurs épouses, comme Hersé ou Calypso.

Dans la mythologie, le signe des Gémeaux est lié à l'histoire de Castor et Pollux, jumeaux nés de l'union de Zeus et de la mortelle Léda. Lorsqu'un dieu a un enfant avec une mortelle, l'enfant est considéré comme un demi-dieu. Dans le cas de Castor et Pollux, l'immortalité ne put être accordée aux deux frères. Pollux devint immortel tandis que Castor devint mortel. D'autres sources expliquent le statut de Castor par le fait qu'il n'avait pas le même père.

Lorsqu'ils voulurent se marier, les jumeaux enlevèrent des princesses qui étaient déjà promises à des seigneurs. Dans le combat qui opposa Castor et Pollux aux prétendants, Castor perdit la vie. Pollux, accablé par le chagrin, implora son père d'accorder l'immortalité à son frère. Zeus accepta que les deux frères se partagent l'immortalité de Pollux. Ainsi, ils vivaient puis mouraient alternativement. Lorsque Castor était sur le mont Olympe, Pollux était en enfer, et inversement. Zeus finit par les placer au ciel, dans la constellation des Gémeaux, où l'on peut toujours contempler les étoiles Castor et Pollux. L'essence même des Gémeaux tient donc dans cette dualité.

Ce récit illustre la puissance de l'amour fraternel, qui est la force du signe des Gémeaux. Qu'ils aient le même père ou non, Castor et Pollux ont, entre eux, un lien si puissant qu'il amène le renoncement à l'immortalité. La symbolique de l'attachement « parent-enfant » est également mise en avant avec la décision de Zeus.

Cette énergie est particulièrement axée sur la communication, la curiosité et l'ouverture d'esprit. Le tout pour les Gémeaux est de ne pas avancer seuls sur le long terme, car l'entraide est primordiale pour s'épanouir.

Le signe des Gémeaux est sociable, jovial, drôle et spontané. Son attitude enjouée fait qu'il est toujours ouvert à l'aventure. Toutefois, la tendance double de ce signe le rend instable et parfois indécis. D'humeur changeante, il est plongé par cette dualité dans un combat intérieur qui influence ses envies, ses paroles et ses actes. Ces derniers peuvent sembler parfois contradictoires.

La curiosité des Gémeaux est la source de leurs connaissances. Ils aiment tout savoir, des conversations futiles aux apprentissages plus sérieux. À noter que leur esprit versatile ne favorise pas les sujets longs et laborieux.

Ancrés dans le présent, ils rappellent parfois l'innocence que peuvent avoir les enfants. On dit souvent des Gémeaux qu'ils sont peu responsables, préférant garder une certaine innocence et immaturité. C'est un signe qui donne l'impression de ne jamais vieillir tant il garde une fraîcheur d'esprit.

Enfin, son côté humain lui permet de nouer facilement des contacts avec de nouvelles personnes. C'est un signe qui aime être entouré, mais qui a aussi besoin d'indépendance. Il peut s'attacher rapidement et changer d'avis, soudainement poussé par des envies de liberté, que ce soit dans le travail ou dans la sphère privée. Son besoin de nouveauté et de changement rend difficile la routine du quotidien et peut parfois l'amener à l'infidélité.

Les Gémeaux et l'amour

Les Gémeaux sont de grands séducteurs. Intelligents, directs et spontanés, ils sauront captiver leur partenaire grâce à leurs connaissances, leur esprit et leur humour. Cérébraux, ils tombent plus amoureux d'un esprit que d'un physique. L'intellect et la curiosité sont primordiaux dans une relation. Leur humour les rend attachants et instaure une ambiance décontractée et chaleureuse. Être en couple avec un Gémeaux, c'est être à la fois son partenaire, son ami ou même son parent tant il reste jeune d'esprit, au point que l'on doivent prendre parfois des décisions à sa place.

Son défi majeur, en amour, est de construire une relation durable, car le caractère mutable de ce signe lui donne la bougeotte. Redoutant d'être enfermé dans une routine, il craint l'engagement parce que celui-ci est associé à une perte d'indépendance et de liberté. L'ennui et la morosité ne sont donc pas de mise dans son couple. Chaque jour est une nouvelle aventure avec son lot de surprises. Si son partenaire n'est pas à la hauteur et ne suit pas, il aura envie de passer à autre chose. Les Gémeaux aiment l'imprévu et ne supportent pas de planifier leur quotidien. Ils ont besoin d'un partenaire réactif et intellectuellement stimulant car ils n'apprécient pas l'apathie. Face à la symbolique de leur signe double, ils cherchent à se compléter à travers l'autre, même s'ils ne se l'avouent pas toujours.

Le tempérament des Gémeaux

Les Gémeaux sont à l'aise dans les échanges, car c'est le signe de la communication. Que ceux-ci soient oraux ou écrits, les Gémeaux apprécient le relationnel sous toutes ses formes, ce qui les rend adaptables à tout type d'environnement. Désirant par-dessus tout partager leurs idées, ils ont parfois tendance à ne pas écouter les autres.

Leur parole a généralement un tempo rapide, et les sujets de discussion sont divers et variés. Ils passent souvent du coq à l'âne tant ils ont de choses à raconter, la communication leur sert alors d'exutoire pour se libérer du stress et de la solitude. Ce n'est pas forcément le contenu des échanges qui prime, mais le besoin de discuter, d'échanger, et peu importe la profondeur du sujet. Leur façon de présenter dédramatise les thèmes les plus lourds. On peut avoir l'impression que les Gémeaux sont toujours joyeux tant il est nécessaire pour eux de converser. C'est l'énergie mutable des Poissons qui les invite à ralentir, à écouter et à prendre au sérieux leurs besoins intérieurs.

Les Gémeaux au travail

Parfait communicant, le signe des Gémeaux excelle dans les métiers où il faut convaincre. Vif d'esprit et sociable, il peut être un bon conseiller, commercial, ou exercer tout autre métier qui implique de ne pas travailler en solitaire, de se déplacer et de tisser du lien.

Au bureau, on dit qu'ils sont drôles et qu'ils instaurent une ambiance conviviale. Ils savent facilement briser la routine lorsqu'elle s'installe. Si elle persiste, ils n'hésiteront pas à tout quitter et à trouver un nouvel emploi. Il est difficile pour eux de s'engager sur le long terme tant ils ont besoin de découvrir de nouveaux horizons et de rencontrer de nouvelles personnes. Très attachés à l'intellect et à la culture, bon nombre de Gémeaux travaillent dans des métiers en lien avec l'enseignement, l'art ou le journalisme. Ils s'y sentent comme des poissons dans l'eau.

À l'aise avec tout le monde, ils savent se constituer un bon carnet d'adresses qui leur servira en cas de changement de travail. Ils n'ont pas de difficulté majeure à trouver un nouvel emploi, un vrai point fort. Ils savent se vendre et passent généralement les entretiens d'embauche avec brio.

Polyvalent, ce signe sait s'adapter à divers milieux professionnels. On dit de lui qu'il est décontracté, amical et surtout qu'il ne juge pas les autres. Il n'est pas rare de voir une personne Gémeaux exercer plusieurs activités simultanément ou encore effectuer un changement de carrière dans un secteur totalement différent tant cette énergie a besoin de renouveau.

Les Gémeaux et l'argent

C'est probablement dans le zodiaque l'un des signes qui se désintéressent le plus de l'argent, avec les Poissons. L'argent est perçu comme quelque chose d'indispensable pour vivre, mais ce n'est pas une obsession. Leur envie de s'enrichir ne guide pas leurs actions ni leurs décisions. Ils sont capables d'achats compulsifs et ont tendance à dépenser facilement pour assouvir leurs désirs. Ils doivent alors faire attention à la gestion de leurs comptes. Le dynamisme de ce signe l'amène à sauter de projet en projet. Cette dispersion peut être également source d'instabilités financières qui pourraient être évitées en se focalisant sur un seul but. Les Gémeaux vivant essentiellement dans le présent, ils manquent de prévoyance et d'anticipation.

Il n'est cependant pas rare que les Gémeaux aient plusieurs sources de revenus grâce à des activités diverses. Leur côté ingénieux et charmeur est un atout de taille pour trouver des solutions aux soucis qui se présentent.

Leur signe opposé, le Sagittaire, les pousse à voir les choses en plus grand et à s'investir avec sérieux dans les projets qu'ils entreprennent. La dispersion étant la bête noire des Gémeaux, la Vierge leur suggère de faire preuve de rigueur lorsqu'ils entreprennent quelque chose.

La santé des Gémeaux

En anatomie, le signe des Gémeaux représente les poumons, les bras, les mains, le cortex cérébral ainsi que le système nerveux. Cette énergie peut facilement être touchée par des soucis de santé liés aux nerfs, des fractures des bras ou encore des problèmes respiratoires. Il aura besoin pour son bien-être de s'oxygéner et de se connecter aux grands espaces, à la nature, régulièrement.

De nature aventurière, les Gémeaux ne mesurent pas toujours les dangers, et leur insouciance leur fait prendre des risques. Des accidents lors de déplacements et de voyages peuvent arriver, c'est pourquoi il leur faut faire preuve de prévoyance.

Les Gémeaux sont sans cesse en mouvement ; pour les aider à canaliser le stress, la nervosité et les énergies accumulées, la méditation leur est fortement recommandée. Lorsqu'ils sont émotionnellement déstabilisés, ils peuvent être sujets à l'agitation, aux insomnies et aux désordres, comme des troubles de l'alimentation ou la consommation d'alcool. Leur côté cérébral les conduit à la déprime s'ils s'ennuient, s'ils se sentent enfermés ou seuls.

Les tourments des Gémeaux

Les Gémeaux ont peur de la solitude car ils ont de grands besoins sociaux. Le fait de ne pas avoir suffisamment de lien social peut les terroriser. C'est un élément clé de leur équilibre qu'il est nécessaire de cultiver. Tout comme la crainte de vivre dans la routine.

Fraternels et amicaux, ils redoutent la trahison, même s'ils n'en parlent que très peu, préférant ignorer cette éventualité par insouciance, mais également par nécessité. Ce besoin vital les pousse à devenir des manipulateurs sans pareils. Ils ont recours aux mensonges et aux subterfuges afin de préserver la confiance et l'affection de leur entourage.

Ayant une soif d'apprendre constamment sur des sujets divers et variés, ils ont besoin que l'étendue de leurs connaissances ne passe pas inaperçue. Ils aiment tout particulièrement être complimentés sur leurs capacités intellectuelles. De ce fait, ils ont généralement une peur bleue de rater des examens, quels qu'ils soient.

La claustrophobie est une peur que l'on retrouve souvent chez les natifs de ce signe, qui vivent très mal l'enfermement.

Les clés de leur équilibre

L'évolution des Gémeaux passe par les échanges, les voyages et la communication. C'est une énergie zodiacale qui grandit grâce à la découverte et à l'apprentissage.

Une clé principale de réussite pour eux est d'apprendre à se stabiliser et à se focaliser sur un seul objectif. Leur dualité peut les mener à l'indécision et à des changements de direction qui, sur le long terme, sont néfastes. La volonté ne suffit pas : la constance, la rigueur et l'autodiscipline doivent être les lignes directrices dans leurs habitudes. Une fois ces petits détails réglés, les Gémeaux sont aptes à atteindre des sommets.

Leur évolution passe indéniablement par le cercle social. Ils ont de vrais points de vue, une argumentation riche… Ils sont intelligents, curieux et vifs. Ils savent s'adapter à toutes les situations et à des environnements différents de ceux qu'ils ont connus enfants. Leur but inconscient est de s'améliorer et d'enrichir leurs connaissances et surtout leurs expériences.

Souvent, les capacités des Gémeaux ne sont pas exploitées à 100 % car ils ne vont pas plus loin que la théorie. Il leur est donc conseillé d'oser aller plus loin, comme le ferait le Sagittaire, avec plus de rigueur, comme le suggère la Vierge, et en écoutant leur vie intérieure, à l'image des Poissons.

En résumé, les plus grandes qualités et les plus grands défauts des Gémeaux

Qualités	Défauts
SOCIABLES	LUNATIQUES
DRÔLES	MANIPULATEURS
POLYVALENTS	SUPERFICIELS
DYNAMIQUES	DÉSORDONNÉS
INTELLIGENTS	INSTABLES
VIFS	FAINÉANTS
ÉLOQUENTS	MENTEURS
OPTIMISTES	INFLUENÇABLES
PERSPICACES	PEU FIABLES POUR GARDER UN SECRET

Ce que révèlent les décans…

1er décan, du 20/21 au 31 mai

Ces natifs, sous l'effet de Jupiter, ont un tempérament plus voyageur que les autres. Très intellectuels, ils débordent d'idéaux et se donnent les moyens de les atteindre grâce aux études. On remarque souvent de grands changements au cours de leur vie, et des tournants professionnels. Ils sont dotés d'une éloquence particulièrement remarquable.

2e décan, du 1er au 11 juin

Ce décan est sous l'effet de Mars, ce qui fait de ces natifs des personnes plus combatives que celles des autres décans. Leur propension à se battre pour leurs idées et à défendre leurs points de vue peut leur donner un goût prononcé pour les causes sociales ou encore la politique. Ces natifs passent à l'action plus rapidement que les autres, allant souvent trop vite et négligeant la réflexion.

3e décan, du 12 au 20/21 juin

Placés sous le signe du Soleil, ces natifs ont, plus que les autres, envie de briller par leur savoir, leurs connaissances et leur expérience. Leur grand point faible : leur tendance à beaucoup parler d'eux-mêmes. Ils sont par moments très compétiteurs. Il est nécessaire pour ces natifs d'avoir un objectif à atteindre et de se donner des challenges au quotidien.

LE CANCER

Caractéristiques du signe du Cancer

Période
Du 20/21 juin au 22/23 juillet[1]

Élément
Eau

Polarité
Yin féminine

Astre relié
Lune

Mode
Cardinal

Couleur associée
Bleu

Pierre
Émeraude

Maison astrologique
4

Premier signe d'eau du zodiaque, le Cancer ouvre le bal de l'été. Nous entrons dans la période la plus chaude de l'année pour l'hémisphère Nord à travers une énergie aquatique.

---

1. *Cela peut changer avec les années bissextiles.*

Dans la mythologie, le Cancer apparaît dans l'histoire d'Héraclès (Hercule) et des douze travaux qu'il dut accomplir. Pour comprendre le lien avec le Cancer, nous devons revenir à la source de ces douze travaux.

Héraclès est un demi-dieu, fils de Zeus. Héra, femme de Zeus, persécutait les enfants illégitimes de son mari et réussit à pousser Héraclès à tuer sa femme Mégara et ses enfants dans un accès de folie. Effondré et accablé par les remords, Héraclès consulta alors un oracle, qui l'envoya vers Eurysthée. Ce dernier lui imposa douze travaux, réputés irréalisables, pour purifier son âme après les atrocités qu'il avait commises.

Parmi ces travaux, Héraclès dut vaincre l'hydre de Lerne, le monstre dont les têtes repoussent une fois coupées. Souhaitant la défaite d'Héraclès, Héra envoya un crabe pincer le talon du héros. Contre toute attente et après une bataille sans merci, Héraclès vainquit l'hydre grâce à son neveu Lolas, qu'il appela à l'aide. Le crabe fut alors écrasé et l'hydre vaincue. En guise d'expression de sa gratitude et de son sacrifice, Héra plaça le crabe dans le ciel et le mit au nombre des douze signes du zodiaque, sous le nom de constellation du Cancer.

On retrouve dans ce mythe le symbole de la famille. Complice d'Héra, le crabe souhaite éliminer le fils jugé illégitime. La notion de clan est très forte car, pour triompher, Héraclès fit appel à un membre de sa famille. Ce réflexe d'Héraclès montre que, lorsque l'on est dans une impasse, on peut chercher secours auprès des siens. Le signe du Cancer est donc protecteur des valeurs familiales, à l'image d'Héra, déesse du mariage et de la fécondité, qui défendit ses valeurs et sa vision de la famille en cherchant à évincer les enfants qui biologiquement n'étaient pas légitimes. Il est également un soutien sans faille pour les membres de sa famille, à l'image de Lolas. Il n'a pas pour habitude de procrastiner et n'attend pas que les choses viennent à lui. De nature protectrice, il ne laisse jamais les siens de côté.

Le Cancer est associé à la Lune en astrologie. Symbole des émotions, elle confère au Cancer une belle intuition et une émotivité parfois débordante qui peut changer rapidement au gré des situations.

Nostalgique et mélancolique, c'est un signe qui s'accroche beaucoup au passé et qui a besoin de s'évader du quotidien. Il adore se plonger dans un roman, dans ses pensées ou dans ses rêves. Se remémorer des souvenirs et raconter éternellement les mêmes histoires sont des habitudes particulièrement reliées à cette énergie. Cela évoque le sentiment d'appartenance à une famille, à un groupe, à une patrie qui partage la même histoire, les mêmes racines.

Le Cancer et l'amour

Émotif de nature, le Cancer prend les sentiments amoureux très au sérieux. Son côté romantique peut lui faire poursuivre une quête de perfection tant dans la recherche de l'être aimé que dans le couple. Souvent élégant, il prend soin de son apparence pour plaire.

Avec son imagination débordante, il trouvera toujours un moyen de faire plaisir à son partenaire. Signe cardinal, il lui arrive de ne pas laisser son conjoint prendre les choses en main. Il peut aller jusqu'à materner son partenaire, créant d'éventuels conflits dans son couple. Le côté possessif du Cancer avec les siens est parfois étouffant pour son conjoint. Ce comportement cache souvent un manque de confiance et une peur bleue de l'abandon.

Pour le séduire, il ne faut pas le brusquer ni exiger que la relation évolue vite. Son partenaire devra faire le premier pas en tenant compte de son besoin d'être respecté et considéré.

Par ailleurs, il ne supporte pas l'incertitude et peut facilement se lasser des gens qui ne savent pas ce qu'ils veulent. Les personnes froides et insensibles ne font pas bon ménage avec le Cancer, qui pourrait se sentir incompris.

Les sentiments qu'il éprouve pour son conjoint sont durables et profonds. Néanmoins, on peut parfois lui attribuer un côté capricieux vis-à-vis de l'être aimé et une tendance à manipuler celui-ci pour avoir gain de cause. Son côté têtu et obstiné peut agacer, mais aussi lui conférer un certain charme.

Il cherche un confident à travers sa relation amoureuse. Il a besoin de pouvoir se livrer sur ses peurs, ses émotions et ses envies sans ressentir le moindre jugement. Comme évoqué précédemment, c'est une énergie qui est très axée sur la famille et particulièrement casanière. Les repas familiaux, les fêtes et les anniversaires sont sacrés pour le Cancer, qui cherchera rapidement à inclure son partenaire dans sa sphère privée.

Le tempérament du Cancer

Intuitif et à l'écoute, le Cancer n'est pas forcément très loquace. La communication non verbale est une force de ce signe, qui peut parfois préférer le silence à la parole.

Même si sa réflexion est profonde, le Cancer pourrait avoir du mal à la dévoiler au grand jour. À vrai dire, il n'a pas toujours besoin d'exprimer ce qu'il pense. L'expression de son visage dévoile souvent ses pensées intérieures, mais il lui est parfois difficile de mettre des mots sur ses émotions.

Son côté enfantin peut cependant le rendre susceptible, ce qui l'amène à se mettre sur la défensive lors d'une discussion. La communication étant axée sur ses sentiments, le Cancer peut paraître aussi doux et introverti qu'impulsif et extraverti.

Sa réceptivité aux paroles fait de lui une éponge qui s'imprègne des émotions des autres. Il sait aussi trouver les mots justes pour apaiser son entourage, et ainsi régler les conflits.

À l'image du Capricorne, il a besoin de temps pour prendre ses marques, mais, lorsque c'est chose faite, son excellente mémoire l'aide à devenir une mine de savoir. Il n'a pas peur de poser des questions lorsqu'il ne maîtrise pas un sujet et sait se faire discret quand il est face à une personne qui lui enseigne quelque chose.

Le Cancer a de bonnes facultés de concentration, dès lors qu'il n'est pas submergé par sa fameuse émotivité. A contrario, il peut avoir du mal à rester en place ou à suivre le fil d'une conversation.

Le Cancer au travail

Intuitif, le Cancer s'épanouit dans les métiers où il faut être à l'écoute des besoins des autres. Ainsi, la psychologie et le conseil sont des domaines dans lesquels il peut exceller. Signe de la famille, on peut également le retrouver dans le milieu de l'éducation. Les métiers en lien avec le foyer lui vont également à merveille. Tout ce qui touche à la décoration d'intérieur et à l'habitation, que ce soit la construction ou l'immobilier, peut également l'intéresser.

Attentionné et honnête, il est un travailleur qui a besoin d'établir un lien fort avec ses collègues, qu'il peut rapidement considérer comme une deuxième famille. Il éprouve une certaine fierté à appartenir à un service, une entreprise ou un projet.

Par ailleurs, il fait difficilement face à la frustration, ce qui peut parfois créer des conflits avec l'autorité. C'est un signe qui n'aime pas les changements et qui a besoin de se sentir à l'aise. Il aime, par exemple, aménager son lieu de travail à son image, comme une deuxième maison. Photos et décorations ne sont pas rares sur le bureau d'un Cancer.

Sa valeur du travail est forte, à l'image de son signe opposé, le Capricorne. Cependant, il peut avoir tendance à confondre la vie intime et la vie professionnelle. Cela peut créer des situations où le natif est motivé sans limites pour atteindre un objectif ou, à l'inverse, n'est plus apte à effectuer ses tâches s'il est émotionnellement affaibli.

Les environnements de travail où le stress est présent ne conviennent pas au Cancer, qui n'aime pas œuvrer dans l'urgence.

Le Cancer et l'argent

La sécurité matérielle est importante pour le Cancer. Il considère l'argent comme l'outil indispensable pour mettre sa famille à l'abri du besoin. Il n'est pas rare de le voir épargner assez jeune. Son intuition et son flair sont des atouts qui l'aident à investir. S'il est habile, il pourra tirer de gros bénéfices de ses placements.

Son côté sensible et empathique peut l'amener à prêter de l'argent à ses proches, car il souhaite toujours faire plaisir à ceux qu'il aime. Lorsque le cœur du Cancer est pris, il n'est pas rare que celui-ci dépense sans compter et sans raison, si ce n'est celle de faire plaisir à son partenaire. Il n'est pas forcément attiré par la richesse, mais, à l'image de son signe opposé, le Capricorne, il tient à vivre une vie stable.

Casanier de nature, on peut le voir dépenser beaucoup d'argent pour son logement, que ce soit en décoration ou en équipements. Il est nécessaire pour lui que son foyer soit accueillant, chaleureux et confortable.

Ses pulsions émotionnelles peuvent le conduire à des dépenses impulsives, qu'il regrette par la suite. Néanmoins, l'argent fera toujours le va-et-vient dans son existence.

La santé du Cancer

En anatomie, le signe du Cancer représente l'estomac et l'œil gauche. Étant un signe lunaire, il est associé aux liquides et cela peut indiquer une tendance à la rétention d'eau.

L'état émotionnel est un élément clé de sa santé. Son hypersensibilité, sa nervosité, voire son hyperémotivité, engendrent des maux divers : problèmes digestifs (estomac), insomnies, douleurs abdominales, stress. Ce tempérament le rend parfois dépendant de ses émotions et donc vulnérable.

Il pourrait maîtriser son trop-plein d'émotions en se concentrant davantage sur l'instant présent afin de ne pas rester enfermé dans la mélancolie et la nostalgie, ce qui peut l'amener à des états dépressifs. Le Capricorne, signe opposé au Cancer, peut être un exemple dans cette quête de la maîtrise de soi, tout comme les signes du Bélier, qui lui montre la voie de l'optimisme, et de la Balance, qui l'invite à communiquer sur ses ressentis afin qu'il ne garde pas tout pour lui.

Les tourments du Cancer

La plus grande peur du Cancer est de perdre un proche. Attaché quoi qu'il arrive à son environnement familial, qui représente un véritable cocon, il peut vite se sentir démuni si une séparation ou un décès survient. Il en va de même pour les relations amicales. D'ailleurs, il ne fait pas de différence entre ses amis proches et sa famille.

L'angoisse reliée au manque de sécurité est aussi présente chez ce signe, qui a besoin d'un cocon chaleureux, paisible, pour pouvoir se retrouver et abriter les siens. Sensible, il a peur d'être oublié ou ignoré. Il aura tendance à se renfermer encore plus sur lui-même et à s'entêter dans son attitude immature.

Attaché à sa terre, le signe du Cancer peut souffrir du mal du pays. Le fait qu'il tienne tant aux souvenirs indique un besoin fort de connexion avec l'Histoire, le passé, ses racines. Il a besoin de sentir qu'il partage une histoire commune avec un groupe, un clan, une famille. L'abandon est une crainte qui prédomine dans son inconscient…

Les clés de son équilibre

L'évolution du Cancer passe par le prisme de ses émotions. Son besoin d'appartenance à un clan, à une famille ou à une patrie indique généralement que son épanouissement nécessite de la générosité, du partage et aussi beaucoup de soutien.

Il est tourné vers le bien-être des autres et recherche la fiabilité relationnelle au cours de son existence. C'est au travers de relations humaines, en cherchant à réunir ses proches, qu'il évolue. Au sens large du terme, le mot « famille » attribué au Cancer représente l'humanité tout entière.

Il doit apprendre à agir de manière plus individuelle, sans constamment se rallier à un groupe ou à sa famille. Lâcher prise avec l'environnement proche lui permettra d'explorer de nouveaux horizons, tout en restant fidèle à ses valeurs et à ses principes.

Seulement, il peut avoir tendance à oublier que tout le monde n'a pas la même sensibilité que lui. Il faut donc qu'il apprenne à prendre de la distance et à œuvrer pour sa réalisation personnelle.

Représentés par la Lune, les natifs de ce signe ont tendance à être lunatiques. C'est souvent la source de conflits qui auraient pu être évités. Il est donc primordial pour le Cancer d'apprendre à gérer le stress et à faire preuve de plus de maturité, comme son opposé, le Capricorne.

En résumé, les plus grandes qualités et les plus grands défauts du Cancer

Qualités	Défauts
SENSIBLE	RANCUNIER
RESPONSABLE	TÊTU
EXIGEANT	DE MAUVAISE FOI
SIMPLE	MÉLANCOLIQUE
INTUITIF	RÊVEUR
TENDRE	TOURNÉ VERS LE PASSÉ
PACIFIQUE	ATTEINT DU COMPLEXE D'INFÉRIORITÉ
GÉNÉREUX	DÉPENDANT
EMPATHIQUE	BOUDEUR

Ce que révèlent les décans…

1er décan, du 20/21 juin au 2 juillet

Ce Cancer, sous l'effet de Vénus, a tout particulièrement besoin de sécurité matérielle. On trouve dans ce décan les personnes les plus matérialistes, mais aussi les plus généreuses et optimistes qui soient. Il leur arrive de mélanger sentiments et argent et ainsi de devenir intéressées. Le tout pour elles est de trouver un juste milieu.

2e décan, du 3 au 12 juillet

L'effet de Mercure dote ces natifs de facilités pour tout ce qui touche à la communication. Ils sont ainsi des orateurs hors pair, qui savent convaincre et persuader leur auditoire tout en préservant leur empathie. On les considère souvent comme des gens de confiance. Côté travail, on les retrouve dans l'écriture, le commerce, l'éducation…

3e décan, du 13 au 22/23 juillet

Ce décan est doublement placé sous l'énergie de la Lune. On y trouve donc les personnes les plus expressives vis-à-vis de leurs émotions, que ce soit dans la joie, la tristesse ou la colère. Une tendance lunatique peut parfois se remarquer, car les émotions sont difficilement maîtrisées. Par ailleurs, les valeurs familiales et patriotiques peuvent être très fortes et font de ces natifs des personnes prêtes à se battre pour leurs proches.

LE LION

Caractéristiques du signe du Lion

Période
Du 23/24 juillet au 22/23 août[1]

Élément
Feu

Polarité
Yang masculine

Astre relié
Soleil

Mode
Fixe

Couleur associée
Jaune

Pierre
Œil de tigre

Maison astrologique
5

Mythologie et caractère

Deuxième signe de feu du zodiaque, le Lion apparaît au beau milieu de l'été. Représenté par le Soleil, le Lion est le signe du cœur et de la force vitale. La générosité

1. *Cela peut changer avec les années bissextiles.*

est symbolisée par cette énergie qui se manifeste à une période de l'année propice au partage et à la convivialité.

La mythologie du Lion est liée à celle du Cancer. Ces deux signes sont représentés par le Soleil et la Lune. En astrologie, on appelle ces deux derniers les « luminaires » car ce sont nos seules sources de lumière naturelle. Il est donc peu étonnant que ces deux signes soient liés au même mythe.

Héraclès (Hercule) doit terminer ses douze travaux. La fierté qu'il éprouve d'être considéré comme un dieu rappelle la définition du signe du Lion en astrologie. Héraclès revendique sa place et compte bien tout mettre en œuvre pour résider au mont Olympe.

L'un des douze travaux l'amena à tuer, à mains nues, le lion de Némée. Héraclès vint à bout de ce défi, ce qui lui valut une notoriété monumentale. Ce n'était pourtant pas sa plus grande prouesse, mais le lion de Némée terrorisait les bergers, qui virent en Héraclès leur héros. La célébrité qui s'ensuivit et l'adoration que certains lui portèrent amplifièrent l'ego d'Héraclès, qui garda la peau du lion de Némée comme vêtement.

Héraclès rencontra Déjanire, qu'il épousa quelque temps plus tard. Au cours d'un voyage, Nessos, un centaure, leur proposa de l'aide pour franchir un fleuve. Héraclès accepta. Nessos, qui devait aider Déjanire à traverser la rive, tenta d'abuser d'elle en chemin. Héraclès, fou de rage, prit une flèche enduite du poison de l'hydre de Lerne (voir mythologie du Cancer) et tua le centaure. Avant de rendre l'âme, Nessos donna à Déjanire sa tunique enduite de son sang mêlé au poison de l'hydre comme cadeau précieux pour rendre son époux fidèle.

Un jour, Déjanire, soupçonnant l'infidélité de son mari, s'arrangea pour qu'Héraclès porte la fameuse tunique. Mais, dès l'instant qu'il la revêtit, Héraclès sentit sa peau brûler sous l'effet du poison. Souffrant le martyre, il rassembla ses dernières forces et sauta dans les flammes. Rongée par les remords, Déjanire mit fin à ses jours. Ainsi, le héros ayant réussi l'exploit des douze travaux se trouva vaincu par son épouse.

Ce mythe révèle le paroxysme de la fierté, de l'orgueil, et le côté compétiteur du Lion, pour lequel la raison n'a plus sa place. Aveuglée par la vengeance, Déjanire suit le conseil de son bourreau car la pulsion a été plus forte que le discernement. Quant à Héraclès, rempli de fierté et d'orgueil, adulé par les foules, il perd la vie à cause d'un adultère.

Le Lion est donc un signe fier, généreux, extravagant et charismatique. Il renvoie à l'ego qui vit en chacun de nous et qui a besoin d'être nourri. Comme tous les signes astrologiques, il représente aussi son contraire. C'est pourquoi on peut trouver, selon les placements dans le thème, des natifs du Lion ayant un cruel manque de confiance en eux. Tout est une question d'équilibre chez cette énergie solaire.

L'héroïsme est également une caractéristique de ce signe. Le Lion a un besoin très fort de reconnaissance. Les victoires peuvent ne pas avoir de saveur si elles ne sont pas connues de tous. Généralement chanceux, le Lion sait s'extirper de situations délicates. Il impose son point de vue et fait preuve d'optimisme, même lorsque le moral est au plus bas, ce qui en fait un bon dirigeant. Attention cependant à son côté impulsif et son ambition parfois démesurée qui risquent de le conduire vers l'échec.

Signe fixe, le Lion peut avoir du mal à changer d'avis. Têtu et tenace, il aime diriger, ordonner, mais aussi protéger les personnes qu'il aime le plus. Son côté borné le rendant très sincère, ses mots peuvent être déplaisants.

Le Soleil, astre de référence du Lion, représente la force vitale, la volonté de vivre, une énergie que l'on retrouve particulièrement dans ce signe. Le Soleil, également symbole de l'ego, rappelle en bien des points Héraclès, qui, à cause de son désir de plaire, perdit la vie.

Le Lion et l'amour

Le Lion voit l'amour comme une conquête. Son besoin de plaire peut faire de lui un grand séducteur et un romantique invétéré. Il est fidèle dès lors qu'il a rencontré l'âme sœur, même si son charme parfois excessif peut faire douter de sa loyauté.

Sans aller jusqu'à l'adultère, il est vrai qu'il aime plaire, car il a besoin de nourrir son ego et de se rassurer. Au fond de lui, il garde une âme d'enfant qui fait ressurgir la peur du manque d'attention et d'affection. Ces sentiments peuvent le rendre possessif avec son conjoint, tandis que lui-même vivra mal la jalousie de son partenaire.

Son côté idéaliste et porté sur le physique le conduit parfois à mal choisir son ou sa partenaire. Contrairement aux idées reçues, à force d'être à la recherche de la perfection, le natif du Lion risque de passer de longues périodes de célibat..

Son besoin de briller peut parfois l'amener à voir l'amour comme un challenge et ainsi à tenter de séduire une personne, non pas par intérêt sentimental, mais par esprit de compétition. Les qualités du Verseau pourraient l'aider à exprimer sa propre nature, son originalité, plutôt qu'il séduise pour alimenter son ego.

Dans son couple, il cherchera à faire plaisir à son partenaire. Épicurien par nature, il aime faire la fête et profiter de bons moments partagés à deux, souvent dans des cadres idylliques. Câlin et attentionné, il peut se montrer étouffant avec son conjoint en voulant être trop présent. Motivé et entraînant, il saura toujours faire voir le bon côté des choses, quelle que soit l'épreuve traversée par le couple.

Le Lion est conquis par les tempéraments forts, qui tentent de lui tenir tête, car il aime le challenge. Il a un penchant pour les personnes ambitieuses et déterminées, il a besoin d'un partenaire qui le pousse à aller plus loin et qui a un esprit d'initiative fort.

Le tempérament du Lion

Lorsqu'il s'exprime, le Lion est confiant et imposant. Il donne souvent l'impression d'être sûr de lui, même si ce n'est pas forcément le cas. On reconnaît ici son point commun avec la Balance, à savoir le fait d'être à l'aise avec l'art de présenter un point de vue ou une idée.

Il n'a pas peur de faire entendre sa voix, dès lors qu'il se sent la légitimité de le faire ; il est d'ailleurs très bon orateur. Ce trait de caractère fait de lui un excellent leader qui n'a pas peur d'affirmer son opinion et de parler au nom des autres.

Son esprit optimiste lui permet de voir le positif en chaque personne. Il sait remonter le moral des troupes en faisant preuve d'humour. Il est très taquin avec les autres, mais gare à celui qui osera rire de lui ! Le Lion est très susceptible, il a beaucoup de mal à être objectif avec lui-même. Il prend très au sérieux toute réflexion qui peut lui être faite. Il a généralement une très bonne image de lui et aime tout particulièrement être mis en valeur, si possible en public. À tendance égocentrique, il oublie souvent son interlocuteur et ne parle que de lui, ce qui fait qu'il n'est pas toujours apprécié. C'est son signe opposé, le Verseau, qui le ramène vers la collectivité et l'aide à se détourner de lui-même pour s'ouvrir aux autres.

Le Lion au travail

Représenté par le Soleil, le Lion ne fait pas dans la discrétion au travail. Il a besoin que l'on reconnaisse ses réalisations et peut facilement se démotiver si son travail passe inaperçu. Âme de leader par excellence, le Lion aime diriger et a tout pour devenir un bon dirigeant tant son pouvoir de conviction et sa vision de la réussite motiveront ses équipes. Cependant, il doit faire attention à garder les pieds sur terre, car il peut parfois manquer de réalisme. Cela fait de lui un travailleur acharné, qui entreprendra tout pour atteindre ses objectifs.

On peut le voir réussir une belle carrière dans les métiers artistiques, créatifs ou du show-business. Le Lion ayant besoin de reconnaissance, la célébrité l'attire comme un aimant. Pour arriver à ses fins, il n'hésitera pas à se donner des challenges.

Talentueux dans les affaires, il aime travailler en équipe uniquement s'il en est le responsable ; autrement, il préférera l'indépendance. Attention cependant à ce qu'il ne fasse pas preuve d'un orgueil démesuré, ce qui pourrait transformer le leader charismatique en tyran.

Le Lion est une personnalité forte et courageuse qui osera engager sa responsabilité dans les projets professionnels. Pour mener à bien ses ambitions et oser tenter sa chance, il doit puiser dans l'énergie Verseau, symbolisant l'avenir. Il a la faculté de s'aventurer là où peu de personnes se risquent à aller, ce qui est parfois couronné de grands succès.

Sa loyauté fait qu'il n'aime pas s'approprier la réussite d'une autre personne. Dans le milieu professionnel, l'émulation le stimule et décuple sa soif de réussite. Il est extrêmement reconnaissant envers les personnes qui l'ont aidé et n'hésitera pas à les récompenser.

Le Lion et l'argent

Le signe du Lion est réputé pour être dépensier. Son côté tape-à-l'œil et son besoin d'abondance font qu'il n'hésite pas à utiliser son argent pour se faire plaisir, sans oublier pour autant son entourage. Mais gare aux excès : voyages, loisirs et festivités sont des gouffres financiers pour certains natifs de ce signe.

Leur tendance à vivre au jour le jour les amène parfois à s'endetter et à se retrouver dans des situations délicates. C'est le Taureau, autre signe fixe du zodiaque, qui leur apprendra à développer un côté plus économe et à faire preuve de plus de maturité quant à leurs dépenses. Le Lion aime l'argent, mais, s'il lui arrive de vivre au-dessus de ses moyens, il tâchera toujours de compenser grâce à un travail acharné.

À l'aise lorsqu'il s'agit de parler d'argent, le Lion est adroit dans la spéculation et les investissements. S'il monte une affaire, il saura aisément convaincre des investisseurs de l'accompagner. Il se montre toutefois moins efficace lorsqu'il est question de gérer l'argent qu'il a acquis. Pour mieux gérer ses finances et ne pas sombrer dans l'excès, le Lion doit apprendre à dominer ses pulsions et ses émotions. Dès lors qu'il est heureux, triste ou encore amoureux, il ne compte plus ses dépenses, jusqu'à se retrouver dans le rouge. C'est son signe opposé, le Verseau, qui l'invite à prendre plus de recul sur ses pulsions afin d'avoir l'esprit plus clairvoyant lorsqu'il s'agit d'argent.

La santé du Lion

En anatomie, le signe du Lion représente le cœur, la colonne vertébrale et l'œil droit.

La vie sentimentale du Lion a un lien direct avec son état de santé. En manque d'affection, sa grande émotivité prendra facilement le dessus, déclenchant dépression, anxiété et troubles divers.

Compétiteur inépuisable et sportif émérite, le Lion a tendance à se blesser. Les heurts musculaires ne sont pas rares chez les natifs de ce signe, qui ont un besoin important d'adrénaline et parfois n'hésitent pas à frôler le danger. Pour éviter cette tendance, c'est sur le Taureau que le Lion devra prendre exemple, en faisant preuve de prudence et d'un peu plus de réflexion.

Tout ce qui est en lien avec le cœur est son talon d'Achille. Il est sujet aux problèmes cardiaques et à l'hypertension. Les palpitations et la tachycardie se retrouvent fréquemment parmi les soucis de santé du Lion. Aussi, les grands bouleversements peuvent lui infliger un stress qui le fragilise.

Les tourments du Lion

La plus grande peur du Lion est l'humiliation. C'est un signe qui est dépendant du regard des autres et qui cherche sans cesse à être rassuré. Son côté susceptible cache une peur de la honte. Le Lion a besoin de se sentir apprécié des autres ; s'il se retrouve dans un environnement où il se sent rejeté, il peut se renfermer sur lui-même et perdre sa joie de vivre. La peur de l'échec est également forte chez ce signe de feu. Son esprit de compétition fait de lui un mauvais perdant. Il a tendance à beaucoup se remettre en question dès lors qu'il est face à un échec. Il est difficile pour le Lion de tirer immédiatement des leçons de ses erreurs et de ses défaites.

C'est le signe du Scorpion, représentant le pouvoir de régénération, qui lui apprend à prendre du recul et à aller de l'avant.

Pour remédier à ce travers, le Lion doit aussi se fixer des objectifs réalisables. Il arrive souvent que ses ambitions soient démesurées, ce qui l'amène à souffrir d'un revers qui aurait pu être évité.

Les clés de son équilibre

L'évolution du Lion passe par une connaissance de son identité profonde. Signe même de l'individualisme, son plus grand challenge est d'ouvrir son esprit et d'être attentif aux autres. En société, le Lion sait s'imposer et s'intégrer, mais il évolue au contact des autres car il a un besoin viscéral de regards approbateurs et de validations. Il est nécessaire pour lui d'être apprécié de son groupe, de sa famille ou encore de sa communauté. Son courage, son pouvoir de conviction et sa détermination lui laissent parfois penser qu'il est invincible, ce qui peut le mener à des échecs cuisants.

Le Lion a souvent le sentiment de n'avoir besoin de personne, il peut alors passer à côté de nombreuses opportunités. Une fois de plus, le Verseau lui suggère de jouer collectif plutôt que d'avancer seul dans ses projets. Le Lion doit apprendre que le plus grand leader du monde ne gagne jamais seul et qu'il doit s'appuyer sur son équipe et lui laisser de la place. Il manque parfois de confiance envers les autres et croit que personne ne peut le remplacer, ce qui crée une difficulté à déléguer, que ce soit dans le travail ou dans la vie privée. Grâce au signe du Taureau, il apprend l'authenticité des relations saines et solides ainsi que la loyauté en amitié. Il pourra ainsi reprendre foi en les autres et en lui-même.

En résumé, les plus grandes qualités et les plus grands défauts du Lion

Qualités	Défauts
CONFIANT	AUTORITAIRE
GÉNÉREUX	AGRESSIF
LOYAL	ARROGANT
AUDACIEUX	ORGUEILLEUX
CRÉATIF	EXTRAVAGANT
OPTIMISTE	COLÉRIQUE
DÉTERMINÉ	SUSCEPTIBLE
AMBITIEUX	VANTARD
CHALEUREUX	IMPULSIF

Ce que révèlent les décans…

1er décan, du 23/ 24 juillet au 3 août

Sous l'effet de Saturne, ces natifs ont un tempérament plus sérieux et autoritaire que les autres. Leur besoin de contrôle peut parfois nuire à leurs relations sociales. Discipliné et cérébral, le Lion de ce décan a une capacité à gérer les crises avec maturité. Son côté protecteur et puissant impose le respect de manière naturelle.

2e décan, du 4 au 12 août

L'énergie de Jupiter qui prédomine dans ce décan renforce le tempérament épicurien et généreux du Lion. Ses ambitions sont grandes, et parfois même un peu trop idéalistes, ce qui peut le conduire à l'éparpillement et à l'échec. Il ne se découragera pas face à l'épreuve et gardera le cap quoi qu'il arrive. Attention à ne pas avancer sur des suppositions et à ne pas faire confiance à n'importe qui.

3e décan, du 13 au 22/23 août

Avec l'énergie de Mars, l'esprit de compétition est à son paroxysme chez ces natifs du troisième décan, avec une obsession pour la réussite. Attention à ne pas foncer tête baissée en prenant trop de risques dès qu'une occasion se présente. Mieux vaut s'accorder le temps de la réflexion avant d'agir. Par ailleurs, une passion ardente fait vibrer ces natifs, qui sont dévoués aux gens qu'ils aiment.

LA VIERGE

Caractéristiques du signe de la Vierge

Période
Du 22/23 août au 22/23 septembre[1]

Élément
Terre

Polarité
Yin féminine

Astre relié
Mercure

Mode
Mutable

Couleur associée
Gris

Pierre
Cornaline

Maison astrologique
6

Mythologie et caractère

Le signe de la Vierge est le deuxième sous l'influence de l'élément terre après le Taureau. De mode mutable, il est très sensible à la condition des autres, qu'il tente

1. *Cela peut changer avec les années bissextiles.*

de faciliter grâce à ses talents d'organisateur. C'est une énergie discrète, travailleuse et sensible, ce qu'il ne laisse pas transparaître au premier abord, préférant rester sur la réserve. Comme l'énergie Gémeaux, c'est Mercure qui représente la Vierge.

Mercure renvoie à un mental bien plus cartésien qu'en Gémeaux. Le sens de l'observation de ce signe ainsi que ses capacités d'analyse sont développés. Il cherche sans cesse un sens à tout ce qui l'entoure. Avec lui, il n'est pas question de parler de futilités, cela l'ennuie au plus haut point.

En mythologie, la Vierge est rattachée à Déméter. Sœur de Zeus, déesse des récoltes et de la fertilité, celle-ci est l'harmonie incarnée : elle effectue son travail avec soin, respecte les règles et n'est en conflit avec personne jusqu'au jour où sa fille Perséphone est enlevée par Hadès, le dieu des Enfers, fou amoureux de cette dernière. Désespérément à la recherche de sa fille, Déméter se laisse sombrer dans la tristesse et se dérobe peu à peu à ses obligations. La terre devient de plus en plus infertile, causant une famine. Zeus, pris de pitié pour la condition humaine, réussit à convaincre Hadès de laisser Perséphone revenir sur Terre, la moitié de l'année.

Dès lors, les périodes où Perséphone est sur Terre aux côtés de sa mère, la terre est fertile et les récoltes sont abondantes, ce qui correspond aux saisons du printemps et de l'été. À l'inverse, lorsque Perséphone quitte sa mère pour rejoindre son mari le dieu des Enfers, la terre se rendort et entre dans les saisons infertiles de l'automne et de l'hiver.

Ce mythe met particulièrement en lumière la grande émotivité qui se cache derrière ce signe. Derrière l'apparence imperturbable de la Vierge se trouvent une grande fragilité et une dévotion sans faille pour les personnes qu'elle aime, à l'image de Déméter, prête à tout pour retrouver sa fille, jusqu'à en délaisser ses responsabilités. Le manque de son enfant rend la terre infertile, ce qui symbolise une incapacité de créer. On retrouve cet aspect dans le signe de la Vierge, qui n'est pas réputé pour ses qualités créatives, mais qui n'en est pas moins dénué d'imagination. Une certaine réserve le freine quand il s'agit de montrer ses talents ou de faire valoir ses idées.

Dans le mythe, la création de Déméter est sa fille. Le fait que cette dernière ait été enlevée en raison de son manque de vigilance ronge sa mère, envahie par le chagrin. On retrouve ce sentiment de culpabilité très puissant chez la Vierge lorsqu'elle ne réussit pas à accomplir une tâche. Perfectionniste de nature, elle se montre bien souvent intransigeante avec elle-même. Son désir de (trop) bien faire peut s'expliquer par sa peur phobique du rejet.

La Vierge a tendance à trop réfléchir, et cela engendre des émotions négatives. Globalement, elle ne prête pas beaucoup attention à son bien-être intérieur et ne partage pas ses états d'âme avec les gens qui l'entourent, souvent par peur de les ennuyer.

La Vierge et l'amour

La Vierge est généralement assez méfiante vis-à-vis des sentiments qu'elle éprouve et de ses partenaires. Elle n'affirmera donc pas ses sentiments amoureux avec spontanéité. Elle sera prudente et patiente lorsqu'il s'agira de nouer des relations. Son esprit, parfois trop terre à terre, la pousse à aborder la relation amoureuse en cochant des cases.

En quête de perfection, elle ne supporte pas l'idée de l'échec. C'est donc avec beaucoup de vigilance que la Vierge entame une relation amoureuse. Elle a besoin que son partenaire soit rassurant, sérieux et travailleur. Elle peut difficilement se sentir en sécurité face à une personnalité rêveuse, bohème, qui vit au jour le jour et qui ne lui renvoie aucunement l'image de stabilité qu'elle recherche.

Quand elle est amoureuse, la Vierge s'investit à 100 % dans sa relation. Mais sa perpétuelle recherche de perfection est source de conflits dans le couple car la Vierge peut être tout particulièrement exigeante avec son partenaire. Pour séduire celle-ci, il faut tout d'abord être une personne stable qui assume ses responsabilités et qui ne joue pas de double jeu. Mercure représente l'énergie Vierge et lui confère un mental très analytique. Elle sait donc facilement déceler quand son partenaire ment et il n'est pas bon de tenir tête à sa perspicacité.

La Vierge doit apprendre à laisser de la place à l'autre. Sa méfiance pourrait l'isoler et la faire passer à côté d'une belle histoire. Les Poissons, signe opposé, lui suggèrent de s'ouvrir émotionnellement, et de se laisser davantage porter au gré de ses envies et de ses sentiments.

Le tempérament de la Vierge

Discrète, la Vierge n'aime pas prendre trop de place dans les conversations. Pour autant, elle n'est pas en retrait, son mental vif, précis et observateur fait d'elle une oreille attentive. Ses capacités d'écoute peuvent faire d'elle une excellente confidente dont on sait que la loyauté sera totale. À l'inverse, il lui semble difficile de trouver une oreille à qui se confier car elle a beaucoup de difficulté à accorder sa confiance.

Son côté très analytique peut lui porter préjudice, car il lui permet de vite comprendre ce qui ne va pas ou ce qui n'est pas cohérent, la rendant parfois très critique. Gare à ne pas se méprendre, la Vierge n'est jamais malintentionnée. Bien qu'elle puisse être assez directe lorsqu'elle fait part de ses observations, son seul but est d'aider l'autre à avancer.

La Vierge est pratique et pragmatique, y compris dans les conversations. Elle n'aime pas parler pour ne rien dire et son humour n'est pas anodin, il est recherché et travaillé, si bien qu'elle peut parfois être incomprise.

Certains la trouveront hautaine et antipathique de par sa volonté de tout contrôler et parce qu'elle a la fâcheuse tendance à forcer indirectement son interlocuteur à aller dans son sens.

La Vierge au travail

La Vierge est le signe qui symbolise le travail en astrologie. Ordonnée, organisée et procédurière, elle ne perd pas de temps dans son quotidien. Toujours prête à rendre service et fiable, on peut compter sur elle. Il est toutefois important de noter qu'elle est très lucide, saura déceler que l'on cherche à profiter d'elle, et qu'elle instaurera de ce fait des limites. La Vierge est connue pour son respect des engagements ainsi que pour sa fiabilité et sa rigueur au travail. On peut souvent la retrouver dans les métiers du conseil et de l'informatique. Son sens du discernement hors pair lui permet de traiter toutes sortes de situations avec parfois trop de minutie, ce qui peut avoir le don d'exaspérer ses collègues, puisque la Vierge s'attardera sur les petits détails pour que tout soit parfait. Gare à elle de ne pas se décourager ni d'abandonner trop vite face à l'échec ou lorsque les choses ne prennent pas la tournure qu'elle souhaite.

L'énergie de la Vierge symbolisant la santé, on retrouve les natifs de ce signe dans une multitude de métiers de la sphère médicale. Particulièrement sensibles et empathiques, ils aiment se sentir utiles aux autres et leur simplifier la vie lorsqu'ils le peuvent.

La Vierge a très peu de recul lorsqu'il s'agit de travail, elle a tendance à se plaindre et à avoir du mal à se remettre en question. La hiérarchie ne lui pose pas de problème majeur, tant qu'elle correspond à ses valeurs. Ses qualités d'organisation et de priorisation des objectifs sont une grande force qui fait d'elle une employée modèle.

La Vierge et l'argent

La Vierge est un signe de terre, elle a besoin de sécurité matérielle. Elle voit donc au travers de l'argent le moyen d'atteindre la stabilité qu'elle convoite tant. Travailleuse, elle n'en perd pas pour autant de vue l'aspect pécuniaire du travail et saura négocier son salaire avec brio, dès lors qu'elle juge ses compétences à la hauteur de la demande.

Vis-à-vis des dépenses, la Vierge est économe. C'est une énergie qui sait anticiper les choses, et son esprit organisé l'aide à planifier son budget, la mettant à l'abri du besoin.

Il lui arrive de mettre beaucoup d'argent dans ce qu'elle estime utile et sain, comme l'alimentation. En revanche, on imagine mal la Vierge dépenser à l'excès dans des loisirs en tout genre. Elle a le sens du sacrifice et pourrait, par périodes, ne s'autoriser aucun plaisir. Sa tendance économe peut parfois la rendre pingre avec les autres, mais aussi, et surtout, avec elle-même. Bien que cette manière d'agir lui apporte de l'équilibre, il est important pour elle de se rappeler que l'une des clés de son bonheur est de vivre pleinement le moment présent. C'est le signe du Sagittaire qui l'invite à s'autoriser quelques dépenses ici et là, avec parcimonie, pour son bien-être.

La santé de la Vierge

En anatomie, le signe de la Vierge est rattaché aux intestins, à la rate et au système digestif. Au-delà de la partie du corps qu'elle représente, la Vierge incarne la santé en astrologie et le fait d'aider et de soigner les autres.

C'est donc une énergie qui naturellement prendra soin de son corps et de son esprit. Ces natifs ont souvent une très bonne hygiène de vie, mais ont une fâcheuse tendance à négliger leur vie intérieure, se provoquant des problèmes psychiques : stress, fatigue, anxiété… Son acharnement au travail peut lui causer un certain épuisement nerveux allant de l'insomnie au burn out. Pour gérer ce point faible, une bonne organisation et des moments de détente planifiés lui sont recommandés.

La Vierge doit suivre un régime alimentaire bien équilibré pour éviter tous les soucis intestinaux auxquels elle est facilement sujette (indigestions, intoxications…).

Les tourments de la Vierge

La Vierge est toujours très soucieuse de ce que l'on peut penser d'elle et cherche à se faire accepter. Sa grande peur : ne pas être à la hauteur de ce que l'on attend d'elle. La Vierge peut développer une grande anxiété si elle ne parvient pas à donner de sens à ses actions en se rendant utile.

Elle a besoin d'être là pour aider les autres, mais lorsqu'il s'agit d'elle-même, elle préférera mettre ses sentiments de côté. Il est primordial pour elle d'apprendre de son signe opposé, les Poissons, qui est connecté à l'intuition et à la vie émotionnelle.

Prendre le temps de se poser et de comprendre ses émotions est vital pour la Vierge, qui pourrait avoir peur de demander de l'aide aux autres et de paraître trop vulnérable. S'inspirant des Gémeaux, elle doit s'ouvrir aux autres, ne serait-ce qu'un peu, en leur faisant part de ses problèmes. De même, le Sagittaire l'invite à voir la vie de manière moins fataliste et à s'abandonner à l'inattendu.

Les clés de son équilibre

Que ce soit par le biais d'un emploi ou du bénévolat, la Vierge est confrontée à son désir d'aider les autres tout au long de son existence. Ce besoin d'utilité fait d'elle une personne qui peut avoir un rôle important à jouer dans la société.

Paradoxalement, son mental est à la fois très rationnel, ce qui lui vient de son élément terre, mais la Vierge est aussi rêveuse, sensible et empathique. Elle apprend à maîtriser cette opposition en grandissant.

Plutôt que voir les choses en grand, la Vierge préfère se concentrer sur le détail. Minutieuse et patiente, elle ne cherche pas une réussite retentissante ou immédiate. Comme elle n'est pas le signe le plus chanceux du zodiaque, tout ce qu'elle obtient est le fruit de son travail acharné, de ses sacrifices et de sa persévérance.

La Vierge a un tempérament rationnel qui l'amène à croire uniquement ce qu'elle voit, ce qui est logique et ce qui peut être prouvé. La vie apprend au natif de la Vierge qu'une réalité invisible existe également et que celle-ci doit être prise en compte. Il semblerait que la Vierge doive s'inspirer de la spiritualité des Poissons. C'est en accordant plus de place à sa sensibilité que cette énergie cartésienne par excellence pourra s'ouvrir au monde du ressenti.

En résumé, les plus grandes qualités et les plus grands défauts de la Vierge

Qualités	Défauts
INTELLIGENTE	MANIAQUE
HUMBLE	TIMIDE
PERFECTIONNISTE	INQUIÈTE

Qualités	Défauts
PONCTUELLE	NERVEUSE
OBSERVATRICE	TERRE À TERRE
PACIFIQUE	SUSCEPTIBLE
ORGANISÉE	CRITIQUE
INDÉPENDANTE	INSATISFAITE
TRAVAILLEUSE	IMPRESSIONNABLE

Ce que révèlent les décans…

1er décan, du 22/23 août au 3 septembre

Ce décan est sous l'effet du Soleil, marquant ces natifs d'une grande persévérance et de beaucoup d'ambition. Derrière leur désir de venir en aide aux autres se cache souvent leur besoin de briller en société, que l'on retrouve aussi dans leur besoin de plaire. Par ailleurs, leur soif de contrôle peut aller jusqu'à les rendre réfractaires à l'autorité.

2e décan, du 4 au 13 septembre

Sous l'effet de Vénus, astre représentant le Taureau et la Balance, ces natifs ont de grands besoins d'affection, qu'ils n'expriment pas forcément. Très attachées à leur sécurité financière, les Vierges natives de ce décan sont généralement très impliquées dans leur travail, qui leur assure une certaine stabilité d'un point de vue matériel. Elles n'en oublient pas pour autant de prendre du temps pour elles et de s'octroyer des moments pour profiter de petits plaisirs de la vie.

3e décan, du 14 au 22/23 septembre

Ce décan est entièrement placé sous l'énergie de Mercure. L'esprit analytique de ces natifs est leur plus grande force. Mais, comme ils sont très à l'aise lorsqu'il s'agit d'observer et de décrypter les autres, cela peut leur jouer des tours, et les rendre trop critiques vis-à-vis de leurs pairs. Attention à ce que la Vierge du troisième décan garde les pieds sur terre et ne soit pas trop exigeante avec elle-même, car le perfectionnisme peut être le pire ennemi de l'action pour elle.

LA BALANCE

Caractéristiques du signe de la Balance

Période
Du 22/23 septembre au 22/23 octobre[1]

Élément
Air

Polarité
Yang masculine

Astre relié
Vénus

Mode
Cardinal

Couleur associée
Rose

Pierre
Jade

Maison astrologique
7

Mythologie et caractère

Le signe de la Balance est le deuxième rattaché à l'élément air après les Gémeaux. Cardinal, il commence la saison de l'automne. Opposé au Bélier, il invite à se lier, à

1. *Cela peut changer avec les années bissextiles.*

communiquer et à faire des compromis. C'est une énergie qui est représentée par Vénus, comme le signe du Taureau.

La Balance est une constellation « récente », composée d'étoiles qui appartenaient à l'origine à celle du Scorpion. Il n'y a pas de mythologie propre à ce signe. Cependant, on le lie à l'histoire de Vénus.

La Balance a été associée à la figure mythique de Thémis, qui est la fille d'Ouranos (le Ciel) et de Gaïa (la Terre). Déesse de la justice, elle fut la deuxième épouse divine de Zeus. Thémis est devenue le symbole de la justice, tenant dans une main un glaive et de l'autre une balance, qui évoque l'équilibre recherché dans les conflits. On retrouve l'image de Thémis avec ses deux plateaux dans les palais de justice.

Thémis incarne l'harmonie et l'équilibre, elle rappelle ainsi les caractéristiques premières de la Balance : la diplomatie, la capacité d'écoute et le souhait de régler les conflits. Ce signe cardinal a une inclination à aller vers l'autre sans crainte afin de faire entendre la voix de la justice. C'est pourquoi on dit de ces natifs qu'ils sont de bons négociateurs. La Balance est considérée comme la justicière du zodiaque, rôle qu'elle partage avec le Sagittaire. Généralement honnête et fiable, elle est appréciée. C'est une optimiste qui est inspirée et sait inspirer les autres.

En recherche constante d'harmonie et d'équilibre, la Balance n'aime pas les conflits. Elle préfère se taire et battre en retraite plutôt qu'alimenter des disputes interminables. Il lui arrive de faire passer son bien-être après celui des autres pour le bien collectif. Ce trait de caractère l'amène souvent à s'oublier et à perdre confiance en elle. Il sera donc souvent nécessaire de la rassurer et de l'entourer. Sa principale difficulté réside dans son indécision. En cherchant absolument à faire ce qui est juste, la Balance ne s'autorise aucun faux pas. Ses décisions sont donc mûrement réfléchies et, lorsqu'elle doute, elle peut vite perdre pied et changer de direction sans arrêt, même sur des sujets sans grande importance. Pour elle, il est essentiel de bien faire, surtout pour les autres.

Si les six premiers signes du zodiaque évoquent la construction de l'être, nous entrons avec la Balance dans un cycle d'énergies qui donnent à voir la personnalité dans son entièreté. La Balance aime plaire, à tel point que certains lui reprochent un côté superficiel. Signe d'air porté par Vénus, on lui attribue le sens de l'humour, un charme certain et une créativité indéniable qui sont ses atouts majeurs pour nouer des relations. La Balance a besoin de créer du lien avec les gens en douceur, sans jamais s'imposer, ce qui lui apporte une grande satisfaction et nourrit son ego. Elle aime être le centre de l'attention, sans toutefois aspirer à être leader.

La Balance et l'amour

Grande romantique, la Balance aime l'amour. Vénérant les rapports humains, elle ne peut être que touchée par le sentiment le plus fort entre deux êtres. Elle cherche à se compléter à travers l'union, le partage et le couple.

La Balance est sans surprise le signe astrologique le plus démonstratif. Lorsqu'une Balance aime, tout le monde s'en aperçoit. Affectueuse et spontanée, elle a besoin d'un partenaire proche et à l'écoute. Dévouée, elle cherchera à accomplir avec lui tout ce qu'il désire. Attention à ce qu'elle ne s'oublie pas au point de se perdre dans l'autre. Trop dépendante à l'égard de son partenaire, elle peut l'étouffer en ne vivant que pour lui. De même, lors de conflits, il lui arrive de céder sans broncher ou de ne pas exprimer le fond de sa pensée de peur de blesser.

Elle doit s'efforcer de trouver le bon équilibre pour que sa relation amoureuse soit saine. Le signe opposé, le Bélier, lui donne des clés pour apprendre à faire preuve de plus de fermeté et à s'exprimer davantage quant à ses envies.

Son côté vénusien lui fait apprécier le confort matériel. Elle cherchera à faire de son lieu de vie un cocon parfait, comme le Taureau, avec lequel elle partage Vénus.

Étroitement liée à la loi, la Balance aime officialiser ses relations amoureuses, le mariage est donc une consécration capitale pour elle. Une fois sa moitié trouvée, elle fait preuve d'un amour inconditionnel et d'une fidélité exemplaire.

Pour séduire la Balance, il faut être à l'écoute, savoir la complimenter et être démonstratif. Une personne native du signe de la Balance peut constamment douter de l'amour que lui porte son partenaire. Cela cache une peur de l'abandon similaire à celle du Taureau.

La Balance au travail

Respectueuse et travailleuse, la Balance est appréciée dans la sphère professionnelle et au sein de ses équipes. On peut compter sur elle pour renvoyer une belle image de l'entreprise. Elle sait valoriser ses collègues. Si elle occupe un poste à responsabilités, elle s'appliquera toujours à obtenir justice pour les personnes sous sa responsabilité. Avec ses dons d'analyse, elle décèlera rapidement les inégalités au sein de l'entreprise.

On trouve beaucoup de personnes natives de ce signe dans des métiers en lien avec la justice, du fait de leur tempérament diplomate et honnête. Oratrice d'exception, la Balance peut convaincre et réussir à faire entendre raison aux plus têtus. Son empathie naturelle l'incite à se tourner vers des métiers d'écoute et d'accompagnement tels que le coaching, le recrutement ou encore les ressources humaines.

La Balance sait parfaitement négocier pour elle-même. Lors d'un entretien, elle mettra en avant ses atouts avec intelligence et habileté. Elle sait ce qu'elle vaut et n'hésite pas à demander une rémunération correspondant à ses attentes et à ses compétences.

Les métiers artistiques attirent la Balance, surtout le théâtre, la mode et le cinéma. Travailler avec une personne Balance, c'est l'assurance d'une belle complicité qui peut se transformer en relation d'amitié par la suite. Les liens bâtis par la Balance sont durables et profonds, elle sait établir des contacts professionnels durables.

La Balance et l'argent

Le côté vénusien de ce signe lui donne un attrait particulier pour l'argent. D'un côté, parce qu'elle a besoin d'être en sécurité dans un environnement confortable et chaleureux. De l'autre, parce qu'elle est soucieuse du regard des autres et de l'opinion qu'ils peuvent se faire de sa situation. Elle n'aura de cesse de renvoyer une image financièrement aisée. Mais attention, car, dès lors que son cœur est pris, la Balance ne compte plus ses dépenses. Pour faire plaisir à l'être aimé, elle peut se mettre dans des situations financières délicates.

Ces aspects engendrent deux manières de gérer l'argent. Certaines Balances sont très raisonnables, bien qu'elles n'hésitent pas pour autant à céder aux petits plaisirs de la vie et au confort. D'autres ont une relation moins mature à l'argent et dépensent à outrance en prenant uniquement en considération le regard des autres.

Ces natifs, un peu moins raisonnables, dépensent des sommes folles dans la mode et tout autre objet de luxe afin de se rendre visibles aux yeux des autres.

Ici comme dans de nombreux autres domaines de la vie, la Balance doit apprendre à trouver son équilibre. Ses talents de négociatrice l'aident parfois à obtenir le soutien financier d'un proche ou d'une banque, mais son manque de stabilité peut la conduire à la faillite.

La santé de la Balance

En anatomie, le signe de la Balance représente les reins, la vessie et la région lombaire.

La recherche d'équilibre associée à ce signe se retrouve dans la notion de santé. Elle a des hauts et des bas ainsi qu'une prédisposition aux maladies chroniques. Il est important pour la Balance de trouver un équilibre général, dans son alimentation, dans son travail, dans ses relations amoureuses et amicales, sous peine d'impacter sa santé. Reliée au Taureau par Vénus, la Balance peut connaître / se livrer à des excès alimentaires pour compenser un manque, suivis immédiatement de diètes strictes.

Comme tous les signes d'air, elle est sujette au stress et à la nervosité. Son côté indécis peut l'amener à culpabiliser durant de longues périodes et lui causer de l'anxiété. Pour remédier à cela, la Balance doit apprendre de son signe opposé, le Bélier. C'est en osant affirmer son point de vue et ses envies que la Balance cessera de tourner en rond.

Les tourments de la Balance

La Balance a peur d'être seule. Son besoin excessif de plaire renvoie à sa peur du rejet. Le célibat, les activités solitaires et la perte de connexion sociale sont très mal vécus par cette énergie.

Être victime d'injustice ou, pire, ne pas pouvoir aider une personne qui vit quelque chose d'injuste est un échec pour la Balance, qui peut se sentir inutile face à ce genre de situations.

Pour combattre ses craintes, la Balance doit apprendre à être moins dépendante des autres et à agir de manière plus personnelle. Son besoin de lien social, similaire à celui des Gémeaux et du Verseau, est envahissant et prend le dessus sur tout le reste.

Méditer, se ressourcer et prendre en considération la sphère émotionnelle aident à apaiser les peurs de la Balance. C'est le signe du Cancer qui lui apportera la motivation nécessaire pour oser se mettre en retrait, en lui faisant comprendre que prendre du temps pour elle n'amènera pas les autres à l'ignorer. Pour partager des moments apaisés avec les autres, il faut savoir se retirer parfois, afin de se retrouver et de prendre du recul. Voilà son véritable défi.

Les clés de son équilibre

L'évolution de ce signe passe par le fait de trouver le juste équilibre entre famille et travail, couple et liberté d'action, réalisme et irrationalité.

Sa capacité à se constituer un réseau, à rencontrer des gens venus de divers horizons, fera grandir la Balance en l'initiant à toutes les couleurs de la vie.

L'expansion de la Balance passe généralement par une association, que ce soit dans le cadre du couple ou de la vie professionnelle. Le Bélier est là pour lui rappeler que, même avec quelqu'un d'autre, elle reste un individu à part entière, tandis que le Capricorne lui montre que garder son jardin secret est essentiel.

Sa peur de l'abandon doit être combattue par l'affirmation de sa personnalité. Il est nécessaire qu'elle comprenne que l'on ne peut pas être apprécié par tout le monde. L'avis des autres dépend de l'expérience de chacun et ne remet pas en cause sa propre personnalité.

L'art peut être un bon moyen pour elle de s'évader et de trouver un équilibre de vie, car la créativité est l'un de ses atouts.

En résumé, les plus grandes qualités et les plus grands défauts de la Balance

Qualités	Défauts
DIPLOMATE	MONDAINE
PACIFIQUE	INDÉCISE
STRATÈGE	MANIPULATRICE
CRÉATIVE	SUPERFICIELLE
ÉQUILIBRÉE	TROP DÉPENDANTE
DÉLICATE	MÉLANCOLIQUE
IDÉALISTE	VANITEUSE
ADAPTABLE	DÉPENSIÈRE
JUSTE	INFLUENÇABLE

Ce que révèlent les décans…

1er décan, du 22/ 23 septembre au 3 octobre

Sous l'effet de la Lune, ces natifs sont ultrasensibles et manifestent un caractère tout en subtilité. Particulièrement créatifs, ils sauront exprimer leur talent grâce à leur imagination débordante. Ils aiment surtout être entourés de leur famille et de leurs amis, avec qui ils gardent un lien constant. L'indécision et la versatilité peuvent être présentes, car la Lune apporte une humeur lunatique. Attention également à leur manque de maturité.

2e décan, du 4 au 13 octobre

Avec Saturne, ces natifs sont plus sérieux et ont un grand sens des responsabilités. Ils aiment diriger et y prennent du plaisir. La position du Soleil peut en faire d'excellents leaders. Attention cependant, car leurs émotions peuvent être totalement occultées par leur ambition démesurée.

Côté cœur, la Balance de ce décan peut avoir des difficultés à exprimer ses sentiments et à faire son choix.

3e décan, du 14 au 22/23 octobre

Ce décan, placé sous l'énergie de Jupiter, fait de ces natifs de véritables justiciers du zodiaque. Ils détestent les querelles, qui les font littéralement fuir. Les mensonges et les trahisons les exaspèrent. Ils rêvent d'un monde équitable. Grands idéalistes, ils doivent veiller à ne pas se déconnecter des réalités. On leur remarque parfois un côté mondain et superficiel.

LE SCORPION

Caractéristiques du signe du Scorpion

Période
Du 23/24 octobre au 22/23 novembre[1]

Élément
Eau

Polarité
Yin féminine

Astre relié
Pluton/Mars

Mode
Fixe

Couleur associée
Noir

Pierre
Grenat

Maison astrologique
8

Mythologie et caractère

Le Scorpion est le deuxième signe d'eau après le Cancer. Il est fixe, car il se trouve au milieu de l'automne. Réputé pour son tempérament travailleur et

1. *Cela peut changer avec les années bissextiles.*

courageux, il n'hésite pas à mettre tout en œuvre pour ne manquer de rien sur le plan matériel. Le Scorpion est relié à l'astre Pluton, qui correspond à Hadès en mythologie, le dieu des Enfers et le frère aîné de Zeus et de Poséidon. Marié à Perséphone (voir mythologie de la Vierge), il régit la fécondité nourricière de la Terre. Il incarne une énergie divine authentique, tenace, mais aussi sombre et mystérieuse. Hadès représente tout ce qui est invisible et lié aux racines cachées, profondes, des choses.

Dans les récits mythologiques, le signe du Scorpion prend sa source dans l'orgueil du géant Orion. L'une de ses amies proches était Artémis, fille de Zeus et de Léto, déesse de la chasse et de la nature sauvage. Orion, voulant à tout prix conquérir le cœur d'Artémis, finit par l'irriter en tentant de l'embrasser de force. La déesse fit alors apparaître un scorpion qui pinça Orion au talon, le tuant sur le coup. Pour exprimer sa gratitude, elle obtint que le scorpion fût placé parmi les constellations. Plus tard, prise de remords et découvrant ses sentiments cachés pour Orion, elle plaça également celui-ci dans le ciel, à l'opposé du signe du Scorpion. Ainsi, lorsque le Scorpion se lève, Orion se couche, illustrant la peur panique du second qui fuit à la vue du premier.

On retrouve dans ce mythe plusieurs aspects clés du Scorpion. Tout d'abord, Artémis agit de manière radicale. Malgré l'affection qu'elle a pour Orion, elle ne permettra jamais une telle trahison de sa part : elle ne peut concevoir qu'Orion ose l'embrasser, elle qui veut rester pudique et garder sa chasteté. Le Scorpion adopte bien souvent un comportement similaire, se montre radical lorsqu'il se sent menacé. Il préfère vivre avec des regrets plutôt que des remords et le respect de son jardin secret est extrêmement important à ses yeux.

Sombre et mystérieuse, cette énergie représente la face cachée qui se trouve en chacun de nous, une certaine facette secrète que l'on a besoin de cultiver, mais aussi les moments les plus intimes comme la sexualité.

Comme l'illustre bien ce mythe, être déloyal envers le Scorpion n'est pas sans risque, car sa rancune est si forte qu'il n'hésite pas à se venger parfois de manière démesurée. Et gare à son apparence discrète, il n'en est pas moins puissant et déterminé, à l'image du scorpion mythologique qui paraît vulnérable mais réussit à venir à bout du géant Orion.

Protecteur de son environnement, le signe du Scorpion vient se placer en opposition au signe du Taureau dans le zodiaque. Cet axe de réflexion lève notamment le voile sur le côté destructeur du Scorpion, qui peut semer le chaos lorsqu'il estime que sa survie est en jeu.

Signe fixe, le Scorpion change rarement d'avis et n'est pas très ouvert aux compromis, comme le signe qui le précède, celui de la Balance. Il affirme sa volonté et s'en tient à ce qu'il a dit. Les faux-semblants, le manque d'authenticité et la superficialité ne sont pas les bienvenus. Il aime connaître les gens en profondeur. Il peut donc parfois se montrer intrusif et poser des questions que certains jugeront trop personnelles.

Au fond de lui, le Scorpion est sensible, bien qu'il dissimule cet aspect de sa personnalité. Son instinct de survie l'incite bien souvent à masquer ses faiblesses, car elles le rendraient vulnérable face aux autres et conféreraient à ces derniers un certain pouvoir. On ne le voit pas forcément au premier abord, mais il accorde une grande importance à l'amour, qui est l'une de ses grandes motivations.

Le Scorpion et l'amour

Le Scorpion est un signe d'eau qui ressent les émotions de manière décuplée. Sa maîtrise de la sphère émotionnelle pourrait laisser croire qu'il n'éprouve rien alors qu'il est intense, passionné et magnétique.

En amour, il aime profondément. Sincère, authentique et fidèle, il peut se montrer très direct avec son partenaire. Sans tabous, il parle de sexe aisément et il est très important pour lui de s'épanouir dans sa vie sexuelle, qu'il perçoit comme une fusion émotionnelle.

Le Scorpion a un grand besoin de contrôle qui peut tourner au rapport de force. À l'image du Taureau et du Lion, autres signes fixes du zodiaque, le Scorpion peut avoir tendance à être possessif avec son partenaire. Dans le pire des cas, il ira droit à la confrontation avec une tendance au comportement destructeur. Il peut être difficile pour son conjoint de faire face à un tel ascenseur émotionnel.

Le signe du Scorpion étant radical, il vit la relation intime de manière excessive. L'amour est pris au sérieux et le mariage ne lui fait pas peur. Il saura se montrer droit, sincère et particulièrement attentionné. Le Scorpion cherche à prouver sa dévotion à son partenaire en le couvrant de petites attentions au quotidien. Il ne sera pas du genre à se perdre en discours, mais il apportera une présence rassurante et indéfectible. En cas de besoin, il sera donc toujours là, même à son propre détriment.

En cas de rupture, il fera preuve d'une rancune tenace. Sa fierté rend l'infidélité impardonnable. Lorsqu'il est déçu, tant en amour qu'en amitié, il peut couper court à une relation de manière radicale, et aller jusqu'à nier son existence. Pour séduire le Scorpion, il faut donc faire preuve d'authenticité. C'est un signe qui aime les personnes entières et franches.

Le tempérament du Scorpion

Le Scorpion, doté d'une belle intelligence émotionnelle, comprend facilement les mécanismes psychologiques. Observateur bien plus que parleur, il écoute et analyse attentivement les propos de son interlocuteur. Dans un environnement nouveau, il se montre donc généralement sur la réserve.

Les discussions doivent avoir du sens et de la profondeur pour captiver l'esprit du Scorpion. Il se sentira à l'aise uniquement avec les personnes auxquelles il accorde une grande confiance. Il lui arrive d'intimider par sa prestance et ses talents d'orateur. Il sait parler avec authenticité, honnêteté et justesse, même s'il a tendance à vouloir imposer ses idées. Pour le Scorpion, la parole est une arme, son instinct entier et idéaliste peut l'inciter à élever la voix pour défendre des causes qui lui tiennent à cœur. Il est conscient du pouvoir qu'elle confère pour aider ou blesser quelqu'un.

Il est difficile pour ce signe de s'exprimer de manière optimiste, car il préférera toujours le réalisme aux faux espoirs. Il est critique et radical. Pour toutes ces raisons, certains peuvent le trouver déprimant ; d'autres, terre à terre, mais son magnétisme lui apporte une grande force de persuasion, dont il n'hésite pas à faire usage, allant parfois jusqu'à la manipulation.

Le Scorpion au travail

Déterminé et travailleur, le signe du Scorpion est fiable professionnellement. Sa patience et son pouvoir de concentration sont des atouts de taille pour mener à bien des projets complexes. Ayant une bonne maîtrise du stress et un goût certain pour le challenge, il n'aura pas peur de travailler dans l'urgence. Dévoué et passionné, il fera tout son possible pour accomplir sa mission si l'objectif est clairement défini.

Il vise inconsciemment son évolution personnelle par le biais de son travail. Ainsi, on retrouve bon nombre de Scorpions dans la médecine, et plus particulièrement dans la recherche. La police, la sécurité et les métiers d'enquêteurs sont également favorables à cette énergie qui aime aller dans le détail des choses. Les professions liées à la psychologie et aux thérapies sont également parfaites pour le Scorpion, qui mettra en valeur sa sensibilité, son intuition et sa capacité à percevoir les rouages de l'âme humaine.

Dans le travail, le Scorpion peut avoir du mal à déléguer des tâches à ses collègues. La relation de confiance met du temps à s'installer, mais, une fois que c'est chose faite, il devient plus que loyal avec les personnes qu'il apprécie. Gare toutefois à son côté manipulateur, qu'il n'hésite pas à déployer pour arriver à ses fins, quitte à mentir. Son esprit tenace et compétiteur le pousse, quelques fois, à ne pas respecter les règles, allant jusqu'au conflit avec ses supérieurs.

En revanche, son courage et sa détermination peuvent faire de lui un excellent chef d'entreprise, s'il apprend à canaliser son besoin de contrôler les choses en déléguant les tâches à ses collaborateurs.

Le Scorpion et l'argent

Le Scorpion est très attaché à l'argent malgré son élément eau. C'est pour cette raison qu'on lui trouve souvent une grande ambition. Son besoin de sécurité est fort et il est inconcevable pour lui de manquer de quoi que ce soit. Il veut être le meilleur, et se démène pour y arriver, y compris sur le plan financier.

Les investissements, les transactions bancaires, les gains divers (loto, héritages…), mais aussi les dettes et les faillites sont représentés par cette énergie de régénération. Le Scorpion symbolise toutes les conséquences liées au fait d'avoir de l'argent. Ce signe peut donc connaître une grande réussite financière ou, à l'inverse, une faillite due aux excès.

Le Scorpion aime dépenser pour lui et pour les gens qu'il affectionne. C'est un signe très généreux qui ne compte pas dès lors que ses dépenses ne nuisent pas à son train de vie.

Signe des extrêmes, on retrouve cet aspect dans sa relation à l'argent. Avec le Scorpion, c'est tout ou rien. C'est le pouvoir qu'offre l'argent sur la maîtrise de la destinée qui rend le Scorpion avide de richesse.

La santé du Scorpion

Le signe du Scorpion représente les organes génitaux, le colon, l'utérus, le vagin et les hormones sexuelles.

Le Scorpion dispose d'un bon système immunitaire grâce à son grand pouvoir de régénération. C'est un signe qui a besoin de beaucoup de sommeil et d'exercice physique, de préférence intense, afin de canaliser son énergie.

Sa forte capacité de concentration lui permet de travailler durant des heures, ce qui peut parfois lui faire perdre la notion du temps. Il n'est pas rare qu'il frise le burn out ou la dépression nerveuse. Il est donc crucial pour son bon équilibre qu'il apprenne à faire des pauses, à l'image de son signe opposé, le Taureau.

Il est vulnérable aux excès en tout genre (café, alcool…), qui peuvent avoir des effets négatifs sur sa santé. Pour les éviter, le Scorpion doit apprendre à lâcher prise sur son obsession de réussite, il ne vivra que mieux et en meilleure santé.

Les tourments du Scorpion

Le Scorpion a peur de l'échec. Il est une énergie puissante et déterminée qui n'envisage pas un instant de pouvoir vivre une défaite. Il peut alors passer des jours à vérifier les moindres détails pour que tout soit à la hauteur de ses espérances. Face à de tels efforts, il peut remettre toute son existence en question s'il subit un revers. Le Scorpion doit apprendre du Verseau, qui l'invite à relâcher la pression.

Souvent considéré comme mystérieux, le Scorpion peut paraître intimidant, ce qui le met à l'écart des autres, qui peinent à le comprendre. Il peut ainsi souffrir de la solitude. Le Taureau l'invite à dédramatiser en lui faisant comprendre que les amitiés les plus solides se comptent sur les doigts d'une main.

Enfin, le Scorpion est un signe qui a besoin de contrôler les choses.

Ainsi, l'inattendu, les surprises et les changements indépendants de sa volonté peuvent le rendre anxieux de perdre le contrôle. Là encore, le Verseau lui montre que les changements font partie intégrante de l'existence. Apprendre à s'adapter est plus constructif que lutter sans cesse contre les aléas de la vie.

Les clés de son équilibre

L'évolution du Scorpion passe par la transformation. Cette énergie d'eau nous parle de karma et d'inconscient. Il n'est pas rare que, pour évoluer, ce natif traverse des épreuves. C'est une élévation personnelle, mais aussi spirituelle, qui attend le Scorpion au bout de ce chemin sinueux.

L'humilité, la détermination et un vivre-ensemble harmonieux sont des conditions nécessaires au bon accomplissement du chemin spirituel du Scorpion. Il doit apprendre à faire preuve de plus de simplicité et à être moins méfiant pour vivre de nouvelles expériences. Il lui est conseillé de s'ouvrir aux autres sans chercher à les contrôler. Le lâcher-prise est l'axe primordial vers lequel le Scorpion doit tendre, c'est d'ailleurs ce que doivent lui enseigner les épreuves qu'il traverse.

Il doit également prendre le temps de remettre les choses en question, car il a tendance à réagir instinctivement. Son pouvoir de régénération est fort et l'aide à se relever de tout ou presque. On peut dire que le Scorpion représente l'évolution la plus vive du zodiaque, celle-ci est intense, profonde et transformatrice. C'est un signe qui doit apprendre à relâcher la pression et à cesser de vivre dans l'ombre.

En résumé, les plus grandes qualités et les plus grands défauts du Scorpion

Qualités	Défauts
COURAGEUX	AGRESSIF
DÉTERMINÉ	MANIPULATEUR
PROTECTEUR	SECRET
PUISSANT	RANCUNIER
AUDACIEUX	EXCESSIF
COMBATIF	JALOUX
CAPABLE DE CONCENTRATION	POSSESSIF
LOYAL	TOURNÉ VERS LA VENGEANCE
AMBITIEUX	INTRUSIF

Ce que révèlent les décans…

1er décan, du 23/24 octobre au 2 novembre

Ce décan est sous l'effet de Mars, ce qui confère à ces natifs une forte combativité. Il leur arrive de faire passer l'esprit d'équipe au second plan pour laisser place à une envie de pouvoir et de réussite très personnelle. Attention cependant à leur côté autoritaire, parfois agressif, ainsi qu'à la manipulation

2e décan, du 3 au 12 novembre

Sous l'énergie du Soleil et de Mars, le Scorpion de ce décan a un côté compétiteur. Il peut chercher la faille chez l'autre en le bousculant ou en prêchant le faux pour savoir le vrai. Sa générosité est accentuée, tout comme sa libido, car il désire vivre intensément. Cette position du Soleil lui apporte charisme et charme. S'il domine ses instincts, ses capacités créatives et spirituelles pourront largement s'exprimer.

3e décan, du 13 au 22/23 novembre

Placés sous l'énergie de Vénus, les natifs de ce décan ont un pouvoir de régénération hors norme. Leur instinct de survie est très développé. Ils aiment particulièrement l'argent, ce qui peut en faire des rois de la finance. Un besoin fort de sécurité les pousse à investir. Attention à faire preuve de sérieux et de maturité. En amour, ils sont particulièrement jaloux et possessifs au point de devenir dépendants de l'être aimé.

LE SAGITTAIRE

Caractéristiques du signe du Sagittaire

Période	Astre relié	Pierre
Du 23/24 novembre au 21/22 décembre[1]	Jupiter	Lapis-lazuli
Élément	**Mode**	**Maison astrologique**
Feu	Mutable	9
Polarité	**Couleur associée**	
Yang masculine	Violet	

Mythologie et caractère

Le Sagittaire est le troisième et dernier signe de feu du zodiaque, après le Bélier et le Lion. C'est le signe mutable qui clôt la saison de l'automne. Il symbolise donc la

1. *Cela peut changer avec les années bissextiles.*

dernière période où les températures sont douces, avant le froid hivernal. Gouverné par Jupiter, l'astre de l'expansion, le Sagittaire est un aventurier qui cherche à voir toujours plus loin et plus grand. Son optimisme et son attrait pour la justice font de lui le signe le plus indépendant du zodiaque.

Dans la mythologie, le signe du Sagittaire correspond au centaure. C'est un être fantastique, mi-homme, mi-cheval, qui vit en horde en laissant libre cours à son instinct et à ses pulsions. Chiron, le plus célèbre des centaures, est immortel car il est le fils de Chronos (Saturne). Suite à une erreur d'Héraclès, Chiron reçut un jour une flèche empoisonnée. À cause de son immortalité, il fut condamné à une éternelle souffrance. Il supplia Zeus de lui ôter l'immortalité afin de l'offrir à Prométhée. En donnant son immortalité à Prométhée, Chiron contribua à faire sortir le feu du monde souterrain et à sauver les hommes. À sa mort, Chiron fut placé par Zeus dans le ciel pour former la constellation du Sagittaire.

L'instinct du Sagittaire est donc à la fois divin et humain. Avec la volonté d'aider Prométhée à faire revenir la lumière sur Terre en libérant le feu, Chiron montre un idéalisme fort et puissant, que l'on confère aux natifs de ce signe.

Le Sagittaire est le signe le plus équilibré en matière d'éléments. On y retrouve l'air, qui favorise sa curiosité et son envie d'apprendre, et l'eau, importante pour son ouverture spirituelle. Il est relié à l'astre Jupiter, lui-même associé à Zeus, qui représente le pouvoir suprême, en tant que Dieu des dieux. Ces natifs possèdent donc une énergie considérable. Jupiter étant une planète d'expansion, le Sagittaire est un signe en constante évolution qui ne supporte pas de se sentir limité.

Réputé infatigable, le Sagittaire fait preuve d'un dynamisme entraînant. Toujours prêt à partir à l'aventure, il aime la nouveauté et a une capacité à être « tout-terrain ». Grand voyageur, il aime parcourir le monde et découvrir de grands espaces.

On lui attribue une facilité d'apprentissage des langues étrangères et un besoin quasi constant d'enrichir sa culture. Il aime particulièrement qu'on le complimente sur ses connaissances. Son ambition est forte, et son côté polyvalent le rend apte à briller, quel que soit le domaine. Mais cette soif de connaissances l'amène à vouloir aller trop vite et à se démotiver. Il n'est pas rare de voir le Sagittaire se lancer dans un projet et l'abandonner en cours de route.

Ce signe représente également la justice au sens moral du terme et le fait d'appliquer les règles établies. On dit de lui qu'il est le justicier du Zodiaque, aux côtés de la Balance. Il va donc sans dire qu'il est très idéaliste. Ses croyances sont fortes et ancrées, il se rapproche en cela du signe des Poissons, qui prend très à cœur la spiritualité. Son besoin de liberté et d'indépendance peut rendre difficile sa stabilité. Parfois catalogué comme immature, le Sagittaire est un être enraciné dans le présent. Anticiper les éventuelles difficultés n'est pas un réflexe chez ce signe, il préfère mettre son habileté au service des imprévus.

Le Sagittaire et l'amour

Très indépendant, le Sagittaire peut paraître distant dans ses relations amoureuses dès lors qu'il est question d'engagement. Pour le rassurer, il faut lui démontrer que le couple n'est pas une prison, mais une manière d'évoluer en binôme. Allergique à la routine, il aime d'ailleurs partir à l'aventure avec son partenaire.

C'est un signe cérébral qui a besoin d'être stimulé sur le plan intellectuel. Si les conversations tournent en rond, il peut vite se lasser. Pour le séduire, il faut l'écouter, mais aussi affirmer ses points de vue, refaire le monde avec lui et avoir sa propre philosophie de vie.

Le Sagittaire a la manie de se fixer plusieurs objectifs à la fois, ce qui l'occupe considérablement. Il peut alors vivre de longues périodes de célibat, remplies de petites aventures sans lendemain.

Son idéalisme l'amène à vouloir atteindre la relation parfaite, celle où il n'y a pas de contraintes ni de frustrations. La perfection étant une quête utopique, le Sagittaire doit apprendre des Gémeaux afin de revenir vers plus de simplicité et de réalisme.

Son franc-parler peut être blessant pour son partenaire, car le Sagittaire peut se montrer indélicat lorsqu'il est contrarié. Un côté amical est indispensable dans sa relation amoureuse, apportant cette complicité dont il a tant besoin pour compenser sa perte d'indépendance.

Le tempérament du Sagittaire

Les grands débats, les discussions philosophiques, spirituelles ou politiques sont source d'intérêt pour le Sagittaire. Discuter de futilités ne l'intéresse pas, il a besoin de trouver un sens profond dans ses échanges avec les autres, autrement il s'ennuie rapidement. Avec un idéalisme puissant, il aime refaire le monde. Ses croyances et certitudes lui donnent un côté moralisateur et critique, qui peut rapidement freiner ses interlocuteurs. Toujours en quête de connaissances, le Sagittaire apprécie les nouveaux points de vue conceptuels, environnementaux ou sociétaux lorsqu'il échange avec quelqu'un. Sa communication est fluide, joviale, amicale et parfois exagérée, illustrant sa liberté de pensée. Sans tabous, il parle de tous les sujets et fait preuve d'une grande ouverture d'esprit. Malin et espiègle, il a parfois tendance à manipuler les autres pour arriver à ses fins.

Comme il attire la sympathie, les gens lui confient aisément leurs expériences. Attention toutefois, car il n'est pas réputé pour savoir garder un secret. Son besoin de partage et de communication entraîne une fâcheuse tendance à répéter tout ce qu'on lui confie.

Le Sagittaire au travail

La qualité principale de ce signe est sa polyvalence. On peut trouver bon nombre de Sagittaires à des postes qui nécessitent un caractère astucieux. Des métiers dans la police ou la justice sont parfaits pour eux. Adepte du respect des lois, le natif de ce signe doit pouvoir exposer ses valeurs dans son travail. S'il s'aperçoit que ce n'est pas le cas, dans son entreprise ou avec ses supérieurs, il peut prendre la décision de quitter son emploi sur un coup de tête.

Le Sagittaire est également à l'aise dans toutes les professions qui impliquent un contact social, car il aime apprendre des autres. On lui attribue souvent un rôle de médiateur, tant son ouverture d'esprit lui permet de communiquer aisément avec des personnes de milieux, de cultures ou encore de statuts différents. Très pédagogue, il peut être prédestiné aux métiers de l'enseignement, peu importe la discipline.

On reproche souvent au Sagittaire son manque d'anticipation et d'organisation. Pour autant, il sait s'adapter à l'imprévu, en trouvant toujours la solution aux problèmes qui se présentent. Il lui arrive de sauver la mise grâce à sa débrouillardise.

Pour qu'il donne le meilleur de lui-même, il a besoin d'une certaine liberté dans la gestion de son activité et de son temps. S'il est trop contraint par les horaires ou une hiérarchie, il risque de se rebeller et de pencher vers l'agressivité, l'hypocrisie et le manque de diplomatie.

Le Sagittaire et l'argent

Le Sagittaire a de grandes ambitions, il aspire à bénéficier d'un bon niveau de vie. On retrouve en cela son lien étroit à Jupiter, qui représente l'abondance et parfois même la richesse. Son besoin de liberté fait naître chez lui de fortes ambitions, dans l'optique de mener sa vie comme il l'entend. Mais sa tendance à fuir les responsabilités entraîne, chez le Sagittaire, un comportement immature vis-à-vis de l'argent. Au nom de cette nécessité, il arrive qu'il dépense sans compter, pour lui ou pour les autres, et se retrouve endetté.

Ce goût du risque le conduit à tenter des investissements qui pourraient être couronnés de succès. La chance accompagne ce signe, et il n'est pas rare qu'il empoche des gains divers (jeux de hasard, héritages, augmentations, etc.).

Son rapport à l'argent peut paraître à la fois désintéressé et obsessionnel selon les natifs et selon les périodes qu'ils traversent. Lorsqu'il est dans le besoin, le Sagittaire n'hésite pas à user de sa débrouillardise et à travailler d'arrache-pied pour éponger ses dettes. C'est un signe qui oscille entre grandes périodes de labeur et relâchement complet.

La santé du Sagittaire

En anatomie, le Sagittaire représente le foie, le sang, les artères et les cuisses. Étant le symbole de l'exagération dans le zodiaque, il peut avoir des troubles de santé en lien avec des excès divers : alcool, alimentation, tabac… Il lui arrive d'avoir de l'hypertension, car il ne fait pas dans la demi-mesure.

Son besoin d'adrénaline et son goût pour l'aventure lui font prendre des risques. Plutôt casse-cou, il est sujet à des fractures et à accidents divers. La Vierge l'invite à faire preuve de plus de prudence, à prendre le temps de réfléchir avant d'agir plutôt qu'à constamment vivre en fonction de son instinct.

Malgré les apparences, le Sagittaire a besoin de périodes de calme pour se ressourcer et être au maximum de sa forme. Des activités comme la méditation, le yoga ou le tai-chi peuvent aider ce signe spirituel à stabiliser ses pulsions et à se centrer plus sur lui-même.

Les tourments du Sagittaire

Très spirituel et réceptif, le Sagittaire peut craindre les gens qui n'ont pas de « bonnes ondes ». Il choisira de fuir face aux mauvaises énergies, car elles sont source d'appréhensions et de tensions.

Adepte de liberté au sens large, le Sagittaire peut souffrir de rester chez lui, de ne pas pratiquer d'activités physiques, de vivre dans la routine ou d'être contraint par un emploi du temps, une organisation. Là où certains voient le confort et la sécurité, le Sagittaire voit un emprisonnement et une perte de liberté qui le métamorphosent complètement et le rendent égoïste.

Sa crainte de vieillir est liée à son esprit vif et assoiffé d'aventures. Le Sagittaire a peur de ne plus pouvoir accomplir de voyages et d'activités qui demandent énergie et santé.

Les clés de son équilibre

L'évolution du Sagittaire passe par la connaissance. C'est un signe qui a besoin d'apprendre et d'accumuler des savoirs tout au long de sa vie. Il détermine la valeur d'une personne en fonction de son potentiel intellectuel et culturel.

On trouve chez le Sagittaire deux grandes lignes de développement : son rôle dans la société et sa quête spirituelle. Souvent, ses objectifs de vie sont mêlés à des causes humanitaires ou sociales.

Les buts que le Sagittaire se donne sont très souvent inatteignables, car ce signe n'est pas habitué à la notion de limite. Pour lui, on peut aller toujours plus loin et voir toujours plus grand. C'est un éternel insatisfait qui devra apprendre à faire le tri parmi toutes ses envies.

Sa recherche de confort est prégnante, en contradiction avec son élévation spirituelle. Le Sagittaire doit mesurer ses ambitions pour pouvoir se fixer des objectifs réalisables. Son aversion pour l'échec peut le démotiver s'il est trop souvent confronté à celui-ci. Il préférera ne plus tenter plutôt qu'affronter une nouvelle défaite.

C'est le signe de la Vierge qui l'invite à faire preuve de plus de prudence et de sérieux dans ses entreprises et à être plus rationnel dans ses idéaux, qui manquent parfois de structure.

En résumé, les plus grandes qualités et les plus grands défauts du Sagittaire

Qualités	Défauts
OPTIMISTE	INSTABLE
AVENTURIER	SUPERFICIEL
BIENVEILLANT	PRÉTENTIEUX

Qualités	Défauts
IDÉALISTE	INSOLENT
ALTRUISTE	MORALISATEUR
CULTIVÉ	CRÉDULE
INTELLIGENT	EXCESSIF
AUTODIDACTE	TROP CONFIANT
GÉNÉREUX	CASSE-COU

Ce que révèlent les décans…

1er décan, du 23/24 novembre au 2 décembre

Sous l'effet de Mercure, les natifs de ce décan ont un besoin renforcé de communication et d'apprentissages. Leur goût pour le voyage est particulièrement prononcé. Ils ont un tempérament changeant qui peut conduire à une certaine instabilité. Ils doivent faire attention à ne pas oublier de prendre en compte les réalités matérielles.

2e décan, du 3 au 12 décembre

Le Sagittaire de ce décan, sous l'effet de la Lune, est particulièrement doté d'instinct et d'intuition. Le lien à la famille ou à la patrie est très présent. Il a souvent un côté pédagogue avec les enfants. Il doit veiller à ne pas laisser son émotivité prendre le dessus, ce qui pourrait fausser bon nombre de ses décisions.

3e décan, du 13 au 21/22 décembre

L'autorité naturelle est renforcée sous l'énergie de Saturne. Selon les profils, cela peut accentuer le courage, la bravoure, mais aussi l'envie d'imposer sa vision de la vie. C'est le natif de ce décan qui fait preuve de la plus grande maturité. Il doit cependant faire attention à ne pas devenir intransigeant avec son entourage.

LE CAPRICORNE

Caractéristiques du signe du Capricorne

Période
Du 21/22 décembre au 20 janvier[1]

Élément
Terre

Polarité
Yin féminine

Astre relié
Saturne

Mode
Cardinal

Couleur associée
Marron

Pierre
Obsidienne noire

Maison astrologique
10

Mythologie et caractère

Le Capricorne est le dernier signe de terre du zodiaque, rattaché à la planète Saturne. Sa signification renvoie à la sagesse et au temps. La constellation du Capricorne est

1. *Cela peut changer avec les années bissextiles.*

d'ailleurs l'une des plus anciennes, déjà référencée dans plusieurs civilisations antiques. Cette constellation ne comporte aucune étoile brillante, ce qui reflète le caractère discret de ce signe.

Dans la mythologie, le Capricorne est lié au mythe de Pan, dieu des bergers et des troupeaux, au torse d'homme, mais ayant les membres supérieurs d'un bouc ainsi qu'une queue de poisson. On dit du dieu Pan, fils d'Hadès, dieu des Enfers, que ses cornes sont en croissant de lune, référence au signe du Cancer, l'opposé du Capricorne. On raconte qu'il était si laid à sa naissance que sa mère s'est enfuie par peur. Ce détail explique le manque de sensibilité dont peuvent faire preuve les natifs du Capricorne, lié à l'abandon de la mère dans le mythe. D'autres versions associent le Capricorne au mythe d'Amalthée, la chèvre qui nourrissait Zeus durant son enfance. Pour prouver sa gratitude, Zeus aurait placé le Capricorne dans le ciel, créant une constellation.

De ces deux histoires, qu'il s'agisse de l'abandon maternel ou de la forte relation de Zeus avec Amalthée, il ressort que la famille est l'essence même de ce signe. On dit du Capricorne qu'il est difficile à cerner. Au premier abord, il renvoie l'image d'une personne froide et austère, alors qu'il est dans le fond très sensible. Ce sont ses responsabilités qui ne lui permettent pas de mettre en avant cette facette de lui-même. Il est discret, sage et rationnel. Le Capricorne ne cherche pas à avoir un environnement social important, il préférera peu d'amitiés, mais leur accordera une importance cruciale. Loyal et fidèle, il est prêt à déplacer des montagnes pour les gens qu'il aime et, généralement, ses relations ne sont pas éphémères. En effet, il a pour habitude de se débarrasser du superflu pour ne garder que l'essentiel.

Trop conventionnel par moments et appréciant les choses structurées, il peut se trouver mal à l'aise face à des personnes originales, ouvertes d'esprit, qui vivent au jour le jour, sans se soucier du regard des autres. Le Capricorne apprécie tout particulièrement la réflexion, le calme ainsi que la solitude si elle est de courte durée. Il représente la persévérance et la détermination, et « on n'est jamais mieux servi que par soi-même » pourrait être sa phrase favorite. Il ne cherche pas à se reposer sur les autres, mais plutôt à se dépasser lui-même. Le Capricorne apprend de son signe opposé, le Cancer, à se défaire quelque peu de son réalisme et de son esprit trop cartésien pour prêter plus attention à sa vie émotionnelle.

Le Capricorne et l'amour

Contrairement aux idées reçues, le Capricorne prend l'amour extrêmement au sérieux. Pour lui, les sentiments sont précieux et ne doivent pas être dévoilés au grand jour. Il est rare de voir un Capricorne étaler son amour sur les réseaux sociaux ou parler sans cesse de son partenaire. Son esprit rigoureux et logique fait qu'il a une grande maîtrise de ses émotions et se montre rarement vulnérable, de peur de paraître « faible ». Il préfère laisser penser qu'il n'éprouve rien. Ce manque de démonstrativité peut être difficile à vivre pour son partenaire. Le Capricorne n'en est pourtant pas moins sensible. Cependant, il ne le laisse entrevoir qu'à peu de personnes au fil du temps.

Le Capricorne est représenté par Saturne, facteur temps du zodiaque. Lorsqu'il est en couple, il ne se presse pas pour faire évoluer sa relation. Il a besoin d'être rassuré sur son partenaire, en qui il veut avoir toute confiance afin de pouvoir se reposer sur lui de manière durable. Sa vision de l'amour peut donc manquer de romantisme. Le Capricorne fournit des preuves d'amour en cherchant à bâtir un foyer solide par son travail. Il est très protecteur et attaché aux traditions, il peut s'épanouir en se mariant et en fondant une famille. Son partenaire pourra toujours compter sur lui, car, très fiable en amour, le natif de ce signe n'hésitera pas une seconde à prendre sa défense même s'il n'est pas d'accord avec ses propos.

Le Capricorne doit apprendre du signe du Cancer afin de s'ouvrir à l'autre parce qu'il n'est pas toujours sain d'être dans la retenue et de réprimer l'expression de ses émotions et de ses sentiments.

Le tempérament du Capricorne

Sérieux et rationnel, le Capricorne n'est pas un grand bavard. Il se contente d'exprimer son point de vue de la manière la plus simple possible. Très prudent dans sa logique de réflexion, il vérifiera minutieusement ses sources avant d'affirmer quoi que ce soit et il ne passera à l'action qu'après mûre réflexion. Ce tempérament lui donne bien souvent l'image d'une personne très introvertie et timide, qui sait observer, mais qui a du mal à se faire une place et à s'imposer dans un groupe.

Signe rattaché à Saturne, le Capricorne n'aime pas perdre son temps dans des conversations futiles. Il préfère apprendre de son interlocuteur et prise généralement les discussions avec des personnes plus âgées, car celles-ci sont plus expérimentées. Il est discret dans ses communications. Il ne cherchera jamais à attirer l'attention lors de discussions ou de débats. Tant qu'on ne lui manque pas de respect, il saura déployer son argumentaire et défendre son point de vue avec considération pour son interlocuteur. La violence verbale et la vulgarité ne font pas bon ménage avec le Capricorne, qui n'hésitera pas à remettre un individu à sa place.

Le Capricorne au travail

Le travail est la valeur fondamentale du Capricorne. Celui-ci est un élément fiable sur lequel on peut compter et se reposer en cas de coup dur en entreprise. Signe de terre, il est très ancré dans le présent et vit mal les changements. Généralement prudent, il ne prendra pas de risques sans avoir mesuré tous les tenants et aboutissants de sa décision. Il n'y a jamais de mauvaises surprises avec le Capricorne, sincère et honnête, qui assumera les responsabilités de ses fonctions en toutes circonstances. Peu à l'aise avec l'expression de ses émotions, il laisse rarement un événement personnel affecter son efficacité au travail, ce qui lui donne cet air invincible qui peut également se révéler néfaste. Renier perpétuellement sa vie intérieure peut conduire le Capricorne à des situations critiques telles que le burn out. Bien que réservé, le Capricorne n'hésitera pas à clamer haut et fort son opinion s'il considère qu'une tâche est contre-productive. Son but est d'avancer de manière optimale, par amour du travail bien fait. Bien qu'il ait de fortes ambitions, il ne se laissera pas impressionner par la pression ou la précipitation. Sa patience l'aidera à mener à bien ses projets, avec le temps. Il est prédisposé à des postes de manager, de chef d'entreprise...

Bien qu'il apprécie une bonne entente avec ses collègues, il n'en fait pas une priorité. Il prend facilement certains profils en grippe : les procrastineurs et les tire-au-flanc ne sont pas ses amis. C'est un signe qui se plie sans difficulté à la hiérarchie, même s'il aspire à devenir dirigeant.

Le Capricorne et l'argent

Signe de terre, le Capricorne accorde une importance considérable à tout ce qui est en lien avec les finances.

Il n'est pas question de jeter l'argent par les fenêtres, bien au contraire, ce signe dépense avec parcimonie et après de longues réflexions. Prudent et sérieux, il sait gérer ses finances, car le besoin de sécurité l'emporte sur ses envies personnelles. Le Capricorne n'est pas un signe qui compte sur la chance et le hasard pour assurer ses arrières : il est acharné au travail et patient. Ses grandes ambitions sont clairement en lien avec cette envie de s'enrichir. Son besoin de stabilité financière le pousse généralement à devenir propriétaire de son domicile. Lorsqu'il a de l'argent, le Capricorne joue la carte de la discrétion, il préfère ne pas aborder le sujet.

Il peut parfois se résigner, car il n'ose pas prendre de risques. Le signe du Bélier peut lui servir d'exemple, le poussant à se tourner vers des investissements. De manière générale, il l'encourage à passer à l'action.

La santé du Capricorne

En anatomie, le Capricorne représente les os, la peau, les genoux et les articulations. Les natifs de ce signe de la longévité sont très tenaces lorsqu'un problème de santé survient.

Généralement focalisé sur ses responsabilités diverses, le Capricorne se repose rarement. Il est plus enclin au surmenage que d'autres signes. Il est donc essentiel qu'il accorde une importance à sa vie intérieure et à son bien-être. N'écoutant que très peu ses émotions et ses ressentis, il a globalement plus de risques de souffrir de maladies psychologiques ou psychosomatiques. Le tout est qu'il se fasse aider lorsqu'il va mal afin de ne pas aggraver son état.

Les problèmes de peau sont représentés par cette énergie. Pour le Capricorne, l'eczéma, le psoriasis ou l'acné sont souvent en lien avec le stress dû à son acharnement au travail.

Malgré tout, son côté prévoyant fait qu'il anticipe les éventuelles maladies, car il ne souhaite absolument pas perdre son temps coincé au lit. Il dispose généralement du nécessaire afin de pouvoir se soigner rapidement lui-même ou, en prévention, fait appel aux médecines douces.

Les tourments du Capricorne

Le Capricorne a peur de l'instabilité et de l'incertitude, il a besoin de maîtriser les différents éléments extérieurs et de s'assurer qu'il ne va pas perdre tout ce qu'il a acquis grâce à son travail. Les changements, les imprévus et les surprises en tout genre ne font pas bon ménage avec son tempérament. Visant l'excellence et faisant preuve de loyauté, c'est un signe qui a peur du rejet. Le Capricorne craint de décevoir et de se sentir inutile aux yeux des autres. S'il paraît froid, c'est par peur que ses émotions ne prennent le dessus sur la rationalité qu'il apprécie tant, car, en réalité, le Capricorne est sensible. Pour remédier à cela, il doit apprendre à ne pas chercher à maîtriser ce qu'il ne contrôle pas, c'est-à-dire les réactions extérieures ainsi que ses émotions. Le Bélier et le Cancer l'incitent à se focaliser davantage sur sa personne… Le Capricorne culpabilisera moins et acceptera mieux ses faiblesses.

Les clés de son équilibre

L'équilibre du Capricorne passe par son travail et ses responsabilités, qui lui apportent une certaine maturité et lui permettent d'avancer plus sereinement vers ses objectifs.

Toutefois, il doit apprendre à ne pas se focaliser uniquement sur ses tâches et mieux prendre en compte sa vie intérieure. Ses responsabilités prennent souvent le dessus sur son bien-être, générant fatigue et stress. Le Capricorne doit comprendre qu'il ne sera pas infidèle à ses principes et à ses obligations s'il prend du temps pour lui. Il est essentiel qu'il réalise la place que ses émotions occupent dans sa vie et qu'il ne les considère pas comme une faiblesse. Son signe opposé, le Cancer, l'invite à se montrer plus sensible et délicat dans ses propos et ses actions. Le Bélier, quant à lui, l'invite à plus d'individualisme, mais aussi à s'octroyer des moments de plaisir.

Prudent, le Capricorne peut avoir tendance à renoncer à des occasions par crainte ou par méfiance. Bien que cela lui évite d'éventuels désagréments, ce comportement l'empêche de s'ouvrir à des expériences qui peuvent en valoir la peine. Le Bélier lui propose alors de tendre vers un juste milieu, en osant vivre l'instant présent.

En résumé, les plus grandes qualités et les plus grands défauts du Capricorne

Qualités	Défauts
RIGOUREUX	MÉFIANT
TRAVAILLEUR	FROID
STABLE	INTROVERTI
AMBITIEUX	FERMÉ D'ESPRIT
RASSURANT	MISANTHROPE

Qualités	Défauts
CONSCIENCIEUX	INTRANSIGEANT
PRUDENT	LENT
PATIENT	PESSIMISTE
MATURE	SCEPTIQUE

Ce que révèlent les décans…

1er décan, du 21/22 au 31 décembre

Ces natifs placés sous le signe de Jupiter sont plus optimistes que les autres. Très attachés à leur sens de la justice, ce sont généralement de grands idéalistes qui doivent user de prudence afin de ne pas systématiquement se fixer des objectifs irréalisables. Moins introvertis que les autres Capricornes et davantage tournés sur le monde, ils sont très généreux.

2e décan, du 1er au 10 janvier

Sous l'effet de Mars, ces natifs sont plus actifs et plus individualistes que leurs pairs. Très combatifs pour les personnes et les projets qui leur tiennent à cœur, ils sont capables de déplacer des montagnes pour atteindre leurs objectifs. Il est toutefois essentiel que ces natifs apprennent à maîtriser leur impulsivité parfois débordante.

3e décan, du 11 au 19/20 janvier

Ce décan est placé sous l'énergie d'Uranus ; ces natifs ont donc une capacité d'adaptation aux changements supérieure à celle de leurs pairs Capricornes. Ils sont davantage tournés vers l'avenir et vers les nouvelles tendances. Leurs grands défauts : une fâcheuse tendance à l'égocentrisme ainsi qu'un manque de persévérance lorsqu'un élément décourageant survient.

LE VERSEAU

Caractéristiques du signe du Verseau

Période Du 19/20 janvier au 18/19 février[1]	**Astre relié** Uranus	**Pierre** Aigue-marine
Élément Air	**Mode** Fixe	**Maison astrologique** 11
Polarité Yang masculine	**Couleur associée** Bleu clair	

Mythologie et caractère

Le Verseau est le dernier signe d'air du zodiaque. Il est représenté par Uranus, planète des grands changements. Ce signe symbolise l'altruisme et l'indépendance. Son

1. *Cela peut changer avec les années bissextiles.*

ouverture d'esprit l'amène à vivre des aventures originales au cours de sa vie.

Dans la mythologie, on retrouve ce signe lorsque l'on évoque les premiers maîtres du monde : les Titans. Le mythe se déroule donc avant l'apparition de la vie animale et humaine sur Terre. Prométhée est un Titan espiègle et rusé, qui a un frère Épiméthée. Zeus les chargea de créer les êtres vivants de la Terre. Epiméthée, sans réfléchir, créa les animaux, plus puissants les uns que les autres, en utilisant toutes les facultés (instinct de survie, rapidité...) et les ressources (cornes, griffes, mâchoires...) que Zeus avait mises à leur disposition. Si bien que Prométhée n'eut d'autre choix que de façonner l'homme avec de l'argile, le laissant nu et vulnérable. Il décida alors de désobéir à Zeus et vola à Héphaïstos le feu et à Athéna les arts pour en faire don aux hommes afin qu'ils puissent survivre. Zeus, trompé et bafoué, le condamna à être accroché à l'un des rochers du mont Caucase et à subir un châtiment cruel. Chaque jour, un aigle venait dévorer son foie qui se régénérait perpétuellement.

Le symbole du Verseau est un homme qui déverse le contenu d'un vase. L'eau qui coule peut être envisagée comme symbole de l'intelligence que Prométhée a généreusement offerte aux hommes. En humaniste digne de ce nom, il n'a pas hésité à privilégier les valeurs humaines et intellectuelles.

On retrouve cette particularité chez le Verseau, qui cherche à évoluer et à s'épanouir à travers les relations sociales. Ce signe vit mal la solitude. Tout comme Prométhée (qui signifie « celui qui pense à l'avance »), le Verseau est vif d'esprit, lucide et perspicace. Sa clairvoyance l'amène à anticiper les choses. C'est un être qui pense constamment à l'avenir, et souvent de manière collective.

Malgré son besoin de partager et de collaborer avec les autres, le Verseau tient à conserver sa liberté. Plus il est indépendant, plus il sera créatif et force de proposition.

C'est une énergie peu conventionnelle, originale, qui n'hésite pas à emprunter des raccourcis si elle juge certaines méthodes inefficaces. Pour le Verseau, seul le but compte. Peu importe le moyen utilisé pour arriver à ses fins, tant que l'on ne heurte pas les autres.

Doté d'une mauvaise conjonction, ce signe peut tomber dans une vie marginale. Il a la faculté de se créer ses propres règles en frôlant parfois la limite du légal. Son côté têtu n'est pas sans rappeler celui du Taureau.

Le Verseau est associé à Uranus, qui symbolise le ciel, le vent, mais aussi l'avenir, les changements, l'inattendu et le mental. Il est important de savoir que, avant la découverte d'Uranus, c'était Saturne qui régissait l'énergie Verseau. Saturne représente le concret, le passé, la structure. On trouve donc des natifs de ce signe à tendance saturnienne (cartésiens, sérieux dans le travail, réalistes) et d'autres à tendance uranienne (indépendants, ouverts d'esprit, idéalistes).

La symbolique du Verseau renvoie à l'intelligence que l'on ne perçoit pas toujours chez certains individus. Son côté espiègle et amical donne parfois au Verseau une apparente immaturité qui cache un esprit rationnel.

Ce signe est synonyme d'innovations et de grandes inventions. Ses natifs ont une tendance avant-gardiste, car ils savent prévoir les éventualités et se projeter dans l'avenir. Leur capacité d'adaptation fait qu'ils sont à l'aise dans tous les environnements. Il est très difficile de les déstabiliser dès lors qu'ils sont sûrs d'eux. Leur signe opposé, le Lion, les dote par moments d'un ego fort et d'un désir d'être reconnus pour leurs connaissances et leur adresse.

À cause de leur caractère changeant, il n'est pas toujours facile pour les autres de déceler les envies profondes des Verseaux. Leur altruisme peut se transformer en égoïsme, tout comme leur assurance peut cacher un véritable mal-être. Il n'est pas rare de voir des natifs de ce signe se stabiliser entre 35 et 45 ans, que ce soit dans leur milieu professionnel ou dans leur vie intime.

Le Verseau et l'amour

Le Verseau peut craindre l'amour, car il voit dans la relation amoureuse une perte d'indépendance. Il a besoin de se sentir libre afin de continuer à mener ses nombreux projets. Son partenaire doit donc lui laisser son entière liberté et sa créativité.

La plupart du temps, il cherchera à nouer une amitié avec quelqu'un avant de pouvoir envisager une relation amoureuse. Il n'est donc pas rare qu'un Verseau finisse par s'engager sentimentalement avec un ami de longue date. S'épanouissant dans tout ce qui est anticonstitutionnel, le mariage ne sera pas vraiment sa priorité. Le vrai engagement pour lui passe par la complicité et le bonheur à deux. Élaborer un projet commun permettra de renforcer cette relation.

Cérébral, il a besoin d'une connexion intellectuelle avec son partenaire afin de pouvoir envisager une histoire sur le long terme. On dit d'ailleurs qu'il tombe amoureux d'un esprit et non d'un physique. Il aime séduire grâce à ses connaissances et ne craint pas qu'on lui tienne tête. Il faut, avec lui, se montrer anticonformiste et aimer les points de vue originaux, du moins sur certains sujets.

Il aime le changement, la fantaisie et les surprises. Face à la routine qui pourrait facilement l'étouffer, il est probable qu'il se montre infidèle ou encore qu'il fuie la relation en reprenant sa liberté. Son tempérament lunatique et versatile le conduit parfois à changer d'avis soudainement et à provoquer une rupture. Ses changements de direction se font sur un coup de tête, sans réflexions profondes… et sans regrets. Le Scorpion suggère au Verseau de se remettre en question afin de maîtriser avec douceur son instabilité.

Le tempérament du Verseau

Le Verseau représente les relations sociales, il se sent à l'aise dès qu'il est question d'intervenir en public. Cette position au sein du groupe lui est tellement confortable qu'il n'hésite pas à s'adresser aux autres de manière originale et inattendue. Parfois intrusif, il peut poser des questions indiscrètes et gêner certaines personnes sans s'en rendre compte. La communication est sans filtre tant il fait preuve de spontanéité. Il aime les débats, la confrontation de points de vue et, parfois même, les polémiques. Il se révèle souvent têtu et tenace lorsqu'il s'agit de défendre ses idées, allant jusqu'à faire céder son interlocuteur tant il est difficile pour lui d'assumer ses torts.

Il a des difficultés à écouter les autres. Ce côté intransigeant est typiquement relié au mode fixe de ce signe.

Ses pensées manquent parfois de sens car il est trop idéaliste. C'est le Taureau qui l'invite à plus de sérieux et de réalisme, tandis que le signe du Scorpion lui suggère de faire preuve d'une certaine méfiance vis-à-vis des autres. En effet, le Verseau est souvent tenté de dévoiler ses projets à qui veut bien les entendre, ce qui le rend particulièrement sujet à des trahisons au sein même du groupe dans lequel il se sent pourtant en sécurité.

Le Verseau au travail

Avec le Verseau, le quotidien au travail se doit d'être dynamique. Ce signe a besoin de s'investir sans cesse dans de nouveaux projets pour s'épanouir. Il doit faire attention à ne pas s'éparpiller et à rester concentré sur ses objectifs pour mener des tâches à bien.

Adepte du changement, il n'est pas rare de le voir exercer diverses activités n'ayant aucun rapport les unes avec les autres. Très créatif, il a besoin de liberté dans ses tâches professionnelles courantes.

L'autorité et la hiérarchie ne font généralement pas bon ménage avec ce signe, sauf si cette dernière lui laisse une grande autonomie. Il est d'ailleurs le candidat parfait pour une activité indépendante. Ingénieux et toujours prêt à relever des défis, il trouvera des solutions là où bon nombre ont échoué.

Le Verseau adore connaître tout le monde et nouer de bonnes relations avec l'ensemble de ses collègues. Certains pourraient le trouver hypocrite tant il est empathique. Ayant un sens de l'anticipation, il garde en tête qu'une relation professionnelle pourra toujours servir plus tard. Il a un besoin sincère de se sentir utile et de servir une cause sociale, soit en créant des emplois à travers une entreprise, soit en ayant une activité qui a un sens humanitaire ou politique… Plus que du résultat, il sera fier d'avoir contribué à aider la collectivité. Des métiers comme scientifique, chercheur, informaticien ou ingénieur en aérospatiale mettront en avant son sens du progrès.

Le Verseau et l'argent

Le Verseau aime l'argent uniquement parce que celui-ci lui permet de mettre ses idées à exécution. Il a besoin de moyens financiers pour créer et réaliser, qu'il s'agisse d'une entreprise ou d'un projet. Il est conscient que l'argent est le nerf de la guerre. En conséquence, il est un grand travailleur qui n'a pas de mal à épargner pour atteindre un objectif. Ses investissements se révèlent souvent bénéfiques car il est fin stratège. Excellent orateur, il saura convaincre pour obtenir un crédit à la banque ou décrocher un contrat.

Visionnaire, il sait repérer une affaire qui a du potentiel. Étant le signe des nouvelles technologies, il n'hésite pas à investir sur Internet et toucher les revenus d'une activité en ligne.

Attention cependant à son tempérament idéaliste, qui peut le conduire à de gros échecs financiers. C'est le signe du Taureau, représentant l'argent et la matière, qui l'invite à rester discret sur sa situation financière et prudent dans ses investissements.

L'adage « l'argent ne fait pas le bonheur » va comme un gant au Verseau, mais cet argent apporte une certaine sérénité, un détachement face aux aléas qu'il peut rencontrer.

La santé du Verseau

En anatomie, le Verseau représente le système nerveux supérieur, les artères et les chevilles. Hyperactif, il a besoin d'être toujours en mouvement. Il n'est pas rare qu'il se lance dans plusieurs activités à la fois.

Il est sensible au niveau des membres inférieurs et des vaisseaux sanguins. Il est particulièrement sujet aux varices, caillots et fractures.

Enclin au stress, s'il n'arrive pas à gérer son temps, il peut vite se retrouver débordé et dans des états de panique ou d'abattement. Les maladies cardiovasculaires sont fréquentes chez ce signe qui oscille toujours entre sensibilité et nervosité. Le Lion l'invite à prendre le temps de bien faire les choses et surtout à s'accorder des pauses.

Sa curiosité est telle qu'il aime varier sa nourriture et dispose en général d'une alimentation équilibrée. Néanmoins, l'anxiété peut le faire déraper et prendre temporairement de mauvaises habitudes alimentaires.

Sa singularité l'amène à être ouvert à toutes les formes de médecine tant qu'il y voit un bénéfice ou un effet concluant. Il en deviendra adepte et partagera avec son entourage les bienfaits de ses découvertes.

Les tourments du Verseau

Le Verseau est un original, il craint tout ce qui est trop conventionnel. Respecter des règles et des limitations peut vite l'amener à s'effacer, voire à fuir. Souvent, on remarque deux cas de figure : soit il se met en retrait et peut être sujet à la dépression, soit il opte pour une voie plus marginale en allant à contre-courant des règles imposées.

La singularité est presque vitale pour le Verseau, qui s'efforce d'exprimer toute sa créativité, ce qui peut se révéler frustrant s'il n'y parvient pas dans sa vie professionnelle ou personnelle.

La solitude et l'enfermement sont de grandes craintes pour le Verseau. Signe d'amitié, il a besoin d'être entouré et de se sentir appartenir à un groupe, à un mouvement ou à un collectif, sous peine de s'isoler et de se laisser envahir par la solitude et la mélancolie.

Le Lion l'invite à s'imposer et à exprimer sa créativité sans tenir compte de l'avis des autres, tout en l'amenant à penser que, quand on est imité, c'est que l'on est une source d'inspiration.

Les clés de son équilibre

L'évolution du Verseau passe par la sphère sociale et l'altruisme. Dans le cadre d'une organisation humanitaire, de son groupe d'amis ou encore du développement d'un réseau, il doit évoluer dans une dynamique constante. Il peut avoir tendance à faire confiance à tout le monde tant son besoin de s'entourer est grand, ce qui peut lui jouer des tours.

Adepte des changements, il en est parfois le déclencheur. Il aspire à transformer le monde qui l'entoure pour une meilleure vie collective. C'est un visionnaire qui apprécie les prises de risque et qui a besoin d'énormément de liberté pour se réaliser. Ce côté insaisissable peut lui porter préjudice et le retarder dans ses entreprises.

De nature versatile, il doit apprendre à mieux cerner ses objectifs afin de leur donner plus de sens. C'est le Taureau qui l'invite à faire preuve de plus de réalisme. Têtu et passionné, le Verseau peut se retrouver sur des chemins semés d'embûches en raison d'une mauvaise analyse de la situation. Une fois de plus, le Taureau lui apprend à être plus prudent.

Le Verseau est un signe susceptible, il peine à admettre ses torts. C'est le Scorpion qui peut l'aider à se remettre en question en lui montrant que la plus grande force vient de l'intérieur et non du reflet de sa personne dans le regard de l'autre.

Même s'il semble sûr de lui, il a parfois du mal à exprimer sa pleine créativité, car il craint d'être rejeté si ses idées ne plaisent pas. Son signe opposé, le Lion, le pousse à aller de l'avant et à oser.

En résumé, les plus grandes qualités et les plus grands défauts du Verseau

Qualités	Défauts
ALTRUISTE	INSENSIBLE
IDÉALISTE	UTOPIQUE
SOCIABLE	MARGINAL
ORIGINAL	INSAISISSABLE
HUMAIN	IMPRÉVISIBLE
BIENVEILLANT	NERVEUX
INTUITIF	CONTRADICTOIRE
VISIONNAIRE	RÉVOLUTIONNAIRE
INDÉPENDANT	STRESSÉ

Ce que révèlent les décans…

1er décan, du 19/20 au 31 janvier

Ce décan est sous l'effet de Vénus, ce qui donne à ces natifs un intérêt marqué vis-à-vis de tout ce qui est matériel. Les Verseaux de ce décan recherchent la stabilité à tous les niveaux pour pouvoir se projeter dans l'avenir. Ils sont d'une grande loyauté, surtout en amitié.

2e décan, du 1er au 9 février

Sous l'effet de Mercure, ces natifs sont des personnes qui se sentent à leur aise partout et en toutes circonstances. Ils ont un goût prononcé pour le voyage et la découverte de grands espaces. Ce décan indique un tempérament débrouillard et très créatif qui peut parfois les conduire à vivre une vie marginale. Ayant des difficultés à faire des choix, ils sont sujets à une certaine instabilité.

3e décan, du 10 au 18/19 février

Placé sous l'énergie de la Lune, ce décan donne un tempérament lunatique et changeant à ces natifs. Ils peuvent avoir une tendance à la mélancolie et à la morosité. Très liés au cocon familial dont ils peinent plus à se détacher que les autres Verseau, ils sont souvent casaniers. Leur esprit d'équipe hors norme et leur loyauté sont des atouts de taille.

LES POISSONS

Caractéristiques du signe des Poissons

Période
Du 19/20 février au 20/21 mars[1]

Élément
Eau

Polarité
Yin féminine

Astre relié
Neptune

Mode
Mutable

Couleur associée
Bleu marine

Pierre
Améthyste

Maison astrologique
12

Mythologie et caractère

Le signe des Poissons clôt le Zodiaque ; il est rattaché à la planète Neptune, qui représente Poséidon, le dieu des océans. Puissant, spirituel et émotif, ce signe invite

1. *Cela peut changer avec les années bissextiles.*

à terminer l'année zodiacale tout en se préparant à commencer un nouveau cycle. Les Poissons sont toujours deux, c'est une énergie dite double, tout comme le signe des Gémeaux.

Dans la mythologie, on retrouve le symbolisme des Poissons dans le mythe d'Aphrodite et d'Éros, les dieux qui représentent l'amour. Lorsqu'ils furent pris en chasse par le monstre Typhon, Aphrodite et Éros se jetèrent dans la mer pour tenter de fuir. Afin de ne pas sombrer au fond des abysses, ils s'accrochèrent chacun à un poisson et, pour être sûrs de ne jamais se perdre, ils les attachèrent l'un à l'autre. Une fois hors de danger, ils placèrent les poissons dans le ciel pour exprimer leur gratitude.

Nous sommes face à l'énergie du zodiaque la plus spirituelle. En effet, les Poissons ont un besoin constant de se déconnecter des réalités terrestres pour trouver l'harmonie dans ce qui rassemble l'ensemble des êtres humains : le monde invisible. Ainsi, on retrouve chez ces natifs une grande empathie et un idéalisme puissant qui peut parfois les amener à vivre dans un monde utopique.

Les notions de sacrifice et de don de soi sont extrêmement présentes chez les Poissons, qui ont un grand besoin de se sentir utiles aux autres. À l'écoute, ils sont de bons confidents et savent apaiser les maux de leur interlocuteur. C'est un signe intuitif, qui va au-delà de la conscience pour comprendre l'environnement qui l'entoure.

Considérés comme naïfs, les Poissons se laissent souvent amadouer par des personnes malintentionnées qui peuvent se jouer de leur nature généreuse. Même trompés, ils ne regrettent aucune de leurs bonnes actions, preuve de leur gentillesse et de leur sagesse.

Les Poissons aiment se réfugier dans leur imaginaire, c'est pourquoi ils ont besoin de moments de solitude. Il est courant qu'ils s'adonnent à la méditation et aux prières parce ce que tout ce qui est spirituel les intéresse. Ce besoin de se déconnecter de la réalité leur donne une propension à consommer drogues douces et alcool. Ils sont sujets à une certaine nostalgie, voire à la mélancolie, car ils rêvent d'un monde parfait.

Signe d'eau relié aux émotions, les Poissons peuvent faire preuve d'une hyperémotivité qui rend leur tempérament instable. Il n'est pas facile pour cette énergie de s'imposer ou de prendre des décisions fermes et radicales. Il est préférable de ne pas pousser ce signe à bout. Souvent ignorées, les colères des Poissons peuvent être orageuses ; gare à celui qui les minimise.

Ce signe est associé aux voyages, tout comme le Sagittaire. Même s'il s'agit souvent de voyages intérieurs ou spirituels, il n'est pas rare de voir partir les Poissons à l'aventure. Découvrir de nouveaux horizons est comme une échappatoire pour fuir leur quotidien.

Tout comme leur signe opposé, la Vierge, les Poissons ont besoin de se mettre au service des autres ou même du monde. Ils peuvent se sentir investis d'une mission qu'ils doivent mener à bien.

Neptune est associé à Poséidon dans la mythologie grecque. C'est le dieu auquel fut attribué le contrôle des océans et des profondeurs. C'est pourquoi la puissance des Poissons est surtout intérieure. Il s'agit certainement de la force la plus difficile à maîtriser, car elle n'est ni visible ni perceptible de l'extérieur. Les Poissons sont des personnes capables de la plus grande élévation spirituelle, mais aussi de la plus totale des perditions.

Les Poissons et l'amour

En amour, les Poissons sont des romantiques. Leur vie intérieure étant au centre de leurs préoccupations, c'est une énergie qui ne sait pas aimer à moitié. Lorsqu'ils sont en couple, ils donnent tout à leur partenaire, au point de s'oublier eux-mêmes.

Rêveurs et affectueux, ils montrent de grands signes de tendresse lorsqu'ils sont amoureux. Leur côté mystérieux peut rendre les débuts de leur relation difficiles. Une fois qu'ils sont en confiance, leur épanouissement se fera à travers le couple, auquel ils se donnent éperdument.

Le Poissons ont besoin d'une vraie connexion spirituelle avec leur partenaire. Il leur arrive d'ailleurs de faire des rencontres sentimentales karmiques, qui les amènent à vivre des relations parfois tumultueuses, mais inévitablement intenses. Les Poissons sont attentifs aux signes qui leur prouveront que leur partenaire est le bon.

L'amour comme don de soi les pousse à jouer le rôle du sauveur dans leur relation ou, à l'inverse, à chercher à être sauvés par une histoire d'amour. Les Poissons peuvent se retrouver dans des relations toxiques, car ils ont une forme d'addiction à l'être aimé qui donne à celui-ci un contrôle illimité sur leurs émotions.

Il est important que ce signe apprenne à se dégager de l'emprise que peuvent avoir ses sentiments sur lui. Son humeur générale ne doit pas découler de son état émotionnel au point de le vider de son énergie. Le Sagittaire l'invite à vivre plus pour lui que pour les autres, tout en conservant ses convictions spirituelles. À l'inverse, les Gémeaux l'encouragent à communiquer de manière plus logique et à intellectualiser les choses afin de solidifier son couple. Les Poissons ont à apprendre de ces deux signes afin de vivre leur histoire d'amour avec équilibre et sérénité.

Le tempérament des Poissons

Les Poissons sont les spécialistes de la communication non verbale. Peu bavards, ils sont à l'écoute, doux et compatissants, toujours prêts à donner des conseils dès qu'ils sentent qu'une personne a besoin d'aide.

Leur empathie naturelle et leur intuition les aident à percevoir les maux des autres sans que la communication soit nécessaire. Les réflexions des Poissons sont toujours profondes. Ils ont besoin de temps avant d'exprimer clairement leur opinion. Perfectionniste, c'est un signe qui peut s'y prendre à plusieurs fois avant d'écrire un courrier, de peur d'avoir mal formulé une phrase et de vexer son correspondant. Les Poissons ne supportent pas la peine et sont ébranlés s'ils apprennent qu'ils ont heurté quelqu'un. C'est pourquoi il est important pour eux de bien peser leurs mots. Leur mode de communication peut être original, par l'art, par exemple. Ainsi, il n'est pas rare de voir les Poissons utiliser des chansons ou des poèmes pour faire passer des messages. Dans l'environnement social, ils sont discrets et ne cherchent pas la gloire. Souvent suiveurs, ils doivent apprendre à s'imposer et à faire entendre leur voix.

Les Poissons au travail

Les Poissons cherchent un sens profond dans le métier qu'ils pratiquent. La passion doit être au rendez-vous pour que ce signe d'eau réussisse à s'épanouir dans son activité.

Comme ils sont à l'écoute, on retrouve bon nombre de Poissons dans des métiers en lien avec le médical, particulièrement dans le domaine de la psychologie. Points forts des natifs de ce signe, leur intuition et leur empathie les rendent particulièrement compréhensifs face aux problèmes d'autrui. Face à eux, il est facile de s'exprimer et de se livrer, y compris sur ses peurs les plus profondes. C'est un signe qui apaise et qui se veut rassurant, sans jugement ni critique.

Dans leur quotidien, les Poissons ne supportent pas le stress et les environnements trop actifs. S'ils se sentent mal à l'aise, ils auront tendance à fuir la situation, quitte à démissionner. C'est une énergie qui refuse de se laisser consumer par le négatif.

Pour leurs collègues, les Poissons peuvent parfois paraître effacés, discrets et silencieux. Néanmoins, leur altruisme est apprécié et ils savent se démarquer par leur créativité. Il n'est pas rare de voir le signe des Poissons évoluer dans des métiers artistiques ou spirituels. Le besoin de se connecter à l'imaginaire et à l'invisible rend propices les carrières où l'imagination est valorisée.

Les Poissons ont les défauts de leurs qualités, ils doivent apprendre à s'affirmer et à moins se laisser porter par les autres. Cette tendance peut parfois leur faire vivre un enfer au travail s'ils tombent sur un patron ou un collaborateur malveillant. Il est donc indispensable que ce signe s'imprègne de son opposé, la Vierge, pour poser ses limites et se connecter au côté rationnel de la vie.

Les Poissons et l'argent

Les Poissons font partie des signes du zodiaque les plus désintéressés par les questions financières. Pour eux, l'argent est uniquement un moyen de subvenir à leurs besoins vitaux, ou d'atteindre des objectifs qui ont un vrai sens pour eux. Rêveurs et généreux, ils risquent de dépenser leur argent pour les autres bien plus que pour eux-mêmes.

Lorsqu'ils perçoivent une grosse somme, soit ils lèguent une grande partie de leurs acquis, soit ils dépensent leur argent de manière futile pour se déconnecter de la réalité et compenser leur morosité. Tout dépend de l'état émotionnel et spirituel des natifs de ce signe, car ils sont la proie facile des addictions, source de dépenses démesurées.

C'est leur signe opposé, celui de la Vierge, qui invite les Poissons à s'ancrer dans les réalités matérielles, non pas pour faire fortune, mais pour acquérir de la stabilité.

La santé des Poissons

En anatomie, le signe des Poissons représente les pieds, les glandes lymphatiques et l'eau que l'on a dans le corps.

C'est un signe qui peut facilement se sentir dépassé par les événements de la vie, non pas parce qu'il est fragile, mais parce qu'il perçoit plus facilement les ressentis et les vibrations autour de lui. Ainsi, les maux psychologiques (stress, insomnie…) ne sont pas rares chez lui. Les Poissons peuvent donc avoir une santé fragile qui demande une attention particulière à la psyché. Leur imagination et leur mental sont si puissants qu'ils peuvent littéralement se rendre malades ou accentuer leurs maux si ce qui se produit n'est pas aligné avec leurs valeurs.

Pour s'apaiser, les Poissons doivent apprendre à exprimer leurs souffrances. C'est le signe des Gémeaux qui les invite à s'ouvrir, sans risque d'être jugés, tandis que leur signe opposé, la Vierge, met l'accent sur la nécessité de se connecter au réel. Ils peuvent avoir la fâcheuse tendance à croire qu'ils n'ont pas besoin de soin, tant la spiritualité et la pensée magique peuvent prendre de la place au détriment du raisonnement.

Les tourments des Poissons

Idéalistes et perfectionnistes par excellence, les Poissons craignent la dure réalité de la vie, dont ils préfèrent faire abstraction, restant dans leur bulle. Ils peuvent trouver anxiogènes les mauvaises nouvelles au journal télévisé et préféreront ignorer ce qu'il se passe.

De manière générale, tout ce qui est négatif est appréhendé par les Poissons. Cet idéalisme, qui s'ajoute parfois à une peur des autres si différents d'eux, les amène à vivre des périodes en retrait du monde extérieur. Évidemment, les disputes et les conflits sont redoutés par ce signe, qui n'y voit que des vibrations négatives et une perte de temps.

Le Sagittaire montre aux Poissons que les disputes peuvent être utiles si l'on en tire quelque chose de constructif. Pour améliorer le monde, il faut forcément prendre position, avoir des principes et les défendre. Quant à la Vierge, elle invite les Poissons à prendre conscience des réalités terrestres et à ne pas vivre uniquement dans l'abstrait.

Les clés de leur équilibre

L'évolution des Poissons passe par un voyage intérieur, une quête spirituelle ou religieuse, mais surtout par la voie créatrice et artistique. C'est un signe qui a besoin de voir au-delà des réalités concrètes et de s'accomplir sur le plan karmique.

Ouvert d'esprit, bienveillant et empathique, le signe des Poissons recherche l'harmonie entre les êtres. Un équilibre qui est la clé de voûte de son bien-être autant dans son foyer qu'avec ses amis ou au travail.

C'est un long voyage intérieur et parfois physique que les Poissons entreprennent au cours de leur existence. Ils ont besoin de solitude, d'isolement, pour se retrouver. Ils trouvent une grande satisfaction dans la méditation ou la connexion à la nature, ce qui fait d'eux des personnes humbles, adaptables et zen.

Pour exploiter leur potentiel, ils doivent s'adapter au monde dans lequel ils se trouvent et ne pas toujours succomber à la tentation de fuir ce qui leur déplaît. Pour cela, ils doivent s'ouvrir aux autres et faire entendre leur voix.

Les natifs de ce signe se laissent parfois facilement impressionner par les autres, se plaçant alors en retrait. Pour exprimer leur grandeur et oser s'affirmer, ils doivent apprendre du Sagittaire, qui ne se laisse pas dévaloriser.

En résumé, les plus grandes qualités et les plus grands défauts des Poissons

Qualités	Défauts
EMPATHIQUES	SOUMIS
RÊVEURS	NAÏFS
PRÉVOYANTS	INCERTAINS

Qualités	Défauts
CRÉATIFS	IRRÉALISTES
SPIRITUELS	DOTÉS DE PEU DE SENS PRATIQUE
POÈTES	SUJETS AUX ADDICTIONS
IMAGINATIFS	LUNATIQUES
INDULGENTS	INTROVERTIS
TOLÉRANTS	SUJETS À LA FUITE

Ce que révèlent les décans…

1er décan, du 19/20 au 29 février

Sous l'effet de Saturne, les natifs de ce décan ont un sens des réalités plus poussé. Le besoin d'ancrage est présent, même si l'ambition reste teintée d'un idéalisme pouvant parfois tendre vers l'utopie. Ils sont hypersensibles, ce qui les rend sujets aux coups de blues. En amour, ils vivront leur passion à travers l'être aimé, se dévouant corps et âme au risque de s'oublier.

2e décan, du 1er au 10 mars

Ces Poissons, sous l'effet de Jupiter, ont un idéalisme puissant et des croyances profondes. La spiritualité ou la religion occupe une très grande place dans leur esprit. Altruistes et généreux, ils peuvent manquer de sens pratique en faisant preuve d'un trop-plein d'utopisme. Ils n'auront de cesse de faire plaisir et de se rendre disponibles pour les autres. Attention toutefois aux personnes malintentionnées.

3e décan, du 11 au 20/21 mars

Avec l'énergie de Mars, les Poissons de ce décan sont actifs dans leur vie. Ils ne restent pas cantonnés à leurs rêves, mais sont plutôt volontaires, avec même une pointe d'ambition. Ce dynamisme est un vrai avantage pour qu'ils s'épanouissent dans leur travail. Côté cœur, ils peuvent être gauches et maladroits et avoir du mal à se projeter dans une relation de couple. Ils sont parfois sujets aux réactions nerveuses et impulsives ; il est donc primordial qu'ils maîtrisent leurs émotions.

LES COMPATIBILITÉS… LES ASSOCIATIONS BÉNÉFIQUES

Compatibilités par élément

Il y a quatre éléments en astrologie : le feu, la terre, l'air et l'eau. Ils se divisent en deux groupes, les éléments yin (à polarité féminine) et les éléments yang (à polarité masculine). Chaque élément comporte trois signes (voir présentation des énergies pages 16-17).

L'air et le feu

Éléments yang

Ce sont des éléments qui sont émetteurs d'énergie plus qu'ils ne sont récepteurs. Ces éléments dominent dans le thème des personnes extraverties. Le feu est le principe d'action, de passion et d'optimisme, tandis que l'air représente le besoin de connexion sociale, les déplacements et les apprentissages.

La curiosité des signes d'air nourrit la volonté des signes de feu. Ils sont complémentaires, car le besoin d'action du feu peut se révéler dangereux et risqué s'il n'est pas accompagné de la réflexion de l'air.

LES COMPLÉMENTARITÉS DES SIGNES À POLARITÉ YANG	
BÉLIER	BALANCE
LION	VERSEAU
SAGITTAIRE	GÉMEAUX

L'eau et la terre

Éléments yin

Ce sont des éléments qui sont récepteurs d'énergie plus qu'ils n'en sont émetteurs.

On trouve une grande part d'eau et de terre dans les thèmes des personnes introverties. La terre représente la sécurité, la discrétion et la prudence, tandis que l'eau décrit la vie intérieure, les émotions et la spiritualité.

Le rationalisme des signes de terre est adouci par les signes d'eau, qui les ouvrent à leurs émotions et à leur ressenti. À l'inverse, les signes de terre ramènent les signes d'eau aux réalités en les aidant à s'ancrer pour faire aboutir leurs projets.

LES COMPLÉMENTARITÉS DES SIGNES À POLARITÉ YIN	
TAUREAU	SCORPION
VIERGE	POISSONS
CAPRICORNE	CANCER

Les éléments yin et yang ne se comprennent pas toujours. L'optimisme du feu entre en opposition avec la tendance pessimiste de la terre, tandis que la logique de l'air est castratrice pour les émotions de l'eau.

Compatibilités et incompatibilités des signes

Le Bélier

Sa fratrie dans le zodiaque

Déterminé et audacieux, le Bélier est optimiste. Il a besoin d'indépendance et se prépare à franchir tous les obstacles qu'il peut trouver sur son passage pour atteindre son objectif. Téméraire, on peut lui reprocher un manque de bon sens, tant il agit par instinct. Son côté honnête et spontané fait qu'il s'entend bien avec le **Sagittaire**, qui, lui aussi friand d'aventure et d'adrénaline, pourrait trouver chez le Bélier un bon compagnon de route.

Toujours partant pour tout, le Bélier est apprécié du **Lion**, qui aime être entouré par des personnes optimistes et ambitieuses. Même si une compétition peut s'installer entre les deux, ils sauront se tirer l'un l'autre vers le haut et s'encourager mutuellement.

Ses complices

L'envie de réussir du Bélier l'amène à être mobile et curieux. Ce sont des traits de caractère qui émoustillent les **Gémeaux**, qui voient chez le Bélier un bon compagnon de voyage. La curiosité des Gémeaux peut se trouver satisfaite en présence du Bélier, qui osera là où les Gémeaux peuvent être hésitants. Combinés, ces deux signes pourraient faire un bon duo comique, tant l'optimisme serait au rendez-vous.

Quant au Verseau, il apprécie le franc-parler du Bélier, qui ose dire tout ce qui lui passe par la tête. La combinaison de ces deux énergies peut créer une ambiance révolutionnaire, entre combativité et altruisme. Ensemble, ils pourraient vraiment changer le monde.

Son alter ego

Le Bélier fait preuve d'un tempérament impulsif et individualiste, ce qui l'oppose au signe de la Balance. Le tact, la diplomatie et le charme sont l'essence de cette énergie air qui préfère le dialogue et la coopération à la poursuite individuelle des rêves. Pour la Balance, le Bélier n'écoute que lui, il est parfois égoïste et son impulsivité crée un climat peu compatible avec l'attitude positive qu'elle prône.

La Balance apprend au Bélier à s'associer, à créer un lien sain et durable avec un partenaire, que ce soit dans la vie professionnelle ou amoureuse. Elle adoucit son tempérament et lui permet d'aller plus loin dans ses entreprises.

À eux deux, ils représentent l'équilibre parfait entre le « moi » et le « nous », ce qui leur permet d'avancer main dans la main.

Ceux qui l'amènent à se remettre en question

Le Bélier a envie de faire les choses rapidement et bâcle parfois son travail, ce qui lui donne l'étiquette d'une personne qui manque de sérieux. Ce comportement est mal supporté par le Capricorne, qui aspire au respect de l'ordre, des règles et du sens moral. Pour lui, le Bélier est impatient, il nourrit une grande ambition qu'il espère concrétiser rapidement, tandis que le Capricorne sait que tout travail solide demande du temps. Considéré comme immature par ce signe de terre, le Bélier remet en question son impatience à son contact et comprend que l'optimisme ne suffit pas pour réussir.

Signe le plus sensible du zodiaque, le **Cancer** n'accepte pas les réactions impulsives du Bélier, qu'il juge dangereuses. Bien qu'ils partagent tous deux un instinct protecteur, le Cancer pense qu'il est préférable de préserver son entourage de la violence parce que, pour lui, montrer que l'on est fort n'est pas un gage de sécurité. Ce qui compte pour ce signe d'eau, c'est d'être uni aux siens et de développer une force collective. Avec le Cancer, le Bélier apprend que la force est aussi intérieure et qu'il ne faut pas négliger sa vie émotionnelle.

Les indifférents

La **Vierge** et le **Scorpion** sont neutres vis-à-vis du Bélier. Néanmoins, le Scorpion a de l'admiration pour ce signe, qu'il pourrait d'ailleurs considérer comme le seul à sa hauteur en matière de détermination. La Vierge apprécie son franc-parler et sait qu'elle peut compter sur lui quoi qu'il arrive.

> À noter : le Scorpion et le Bélier partagent un lien fort avec la planète Mars, ce qui leur confère de l'ambition et un tempérament impulsif commun.

Les Poissons et le Taureau ne créent pas d'aspect avec ce signe, car ils se suivent dans le zodiaque. Ils sont différents, mais forment une certaine harmonie. Les Poissons symbolisent le rêve qui donne naissance aux actions du Bélier, tandis que le Taureau se charge de stabiliser ce que le Bélier a initié.

Le Taureau

Sa fratrie dans le zodiaque

Calme et travailleur, le Taureau incarne la stabilité. Il a besoin d'affection et de sécurité et sait faire preuve d'une extrême loyauté. Têtu, il change rarement d'avis, mais ce trait de caractère fait de lui quelqu'un d'authentique, ce qui favorise ses rapports avec le **Capricorne**, qui n'aime pas les faux-semblants. Il considère le Taureau comme un pilier sur lequel il peut se reposer et, surtout, il voit en lui une personne de confiance.

Signe vénusien, le Taureau cache une grande sensibilité qui est partagée avec le signe de la **Vierge**. Celle-ci apprécie le calme du Taureau, qui sait apaiser les situations les plus tendues et qui ne cède pas à la panique. Même s'il peut parfois être fainéant, elle appréciera toujours sa chaleur humaine.

Ses complices

Le besoin de sérénité du Taureau s'accompagne d'une exploration de sa vie intérieure. Ce calme et son besoin de confort font de lui le meilleur ami du **Cancer**, qui apprécie également les moments cocooning et le repos. Ces signes apprécient l'intérieur de leur foyer et ne cherchent pas l'excitation à l'extérieur. Ils peuvent même voir cela comme des prises de risque inutiles.

Quant aux **Poissons**, ils voient chez le Taureau le protecteur. Souvent tourmentés par leurs émotions et leur besoin d'aider les autres, ils savent que le Taureau ne profitera jamais de leur gentillesse et sera toujours de bon conseil. Cette complicité crée un mélange harmonieux grâce au côté rationnel du Taureau et au côté émotionnel des signes d'eau.

Son alter ego

Avec son côté terre à terre et prévoyant, le Taureau se trouve opposé au **Scorpion**, signe le plus audacieux du zodiaque, qui n'hésite jamais à prendre des risques pour atteindre son objectif. Le Taureau aspire au calme et à la tranquillité, contrairement au Scorpion, qui peut être agressif et intrusif. Néanmoins, on reconnaît chez ces deux signes une forte loyauté ainsi qu'une rancune tenace.

Le Scorpion apprend au Taureau à dépasser ses limites pour sortir de sa zone de confort. Il renforce son tempérament et lui inspire une attitude combative qui lui permettra de s'imposer plus facilement.

Ceux qui l'amènent à se remettre en question

Le Taureau aime prendre son temps et n'est pas toujours partant pour sortir de son confort. Ce comportement a tendance à ennuyer le **Lion**, qui a un tempérament jovial, optimiste et est toujours prêt à faire la fête. Le Lion aurait envie de tirer le Taureau hors du lit pour l'amener à vivre toutes sortes d'expériences. Pour lui, le Taureau passe à côté de bons moments par fainéantise et ne profite pas assez de la vie.

Quant au **Verseau**, il reproche au Taureau sa peur du changement. Abonné aux aventures intrépides, le Verseau se nourrit des grands changements. Pour lui, le train-train quotidien du Taureau est ennuyant et empêche l'ouverture d'esprit, entraînant un manque de tolérance. Avec le Verseau, le Taureau apprend à s'adapter aux imprévus et à faire de nouvelles rencontres.

Les indifférents

La **Balance** et le **Sagittaire** sont neutres vis-à-vis du Taureau. La Balance apprécie cependant le tempérament tranquille et pacifique du Taureau, tandis que le Sagittaire partage son attrait pour l'abondance financière.

> À noter : la Balance et le Taureau partagent un lien fort avec la planète Vénus, ce qui leur confère un sens du beau, de l'art ainsi qu'une jolie créativité.

Le **Bélier** et les **Gémeaux** ne créent pas d'aspects avec le Taureau, car ils se suivent dans le zodiaque. Dans l'année zodiacale, le Bélier initie les choses pour que le Taureau puisse les stabiliser. Quand c'est chose faite, les Gémeaux s'engagent à s'ouvrir aux autres par les déplacements et la communication afin de partager leurs idées.

Les Gémeaux

Leur fratrie dans le zodiaque

Sociables et instables, les Gémeaux représentent l'énergie la plus curieuse du zodiaque. Amical, c'est un signe qui n'hésite pas à aller vers les autres et à engager la conversation sur le sujet qui lui passe par la tête. Drôles et intelligents, les Gémeaux savent se faire apprécier. Cette qualité est particulièrement reconnue par la **Balance**, qui cherche à se compléter à travers sa relation à l'autre. Elle considère les Gémeaux comme les meilleurs amis que l'on puisse avoir, toujours présents pour remonter le moral.

Signe idéaliste, le **Verseau** admire l'ouverture d'esprit des Gémeaux, qui font rarement preuve de jugement vis-à-vis des autres. C'est une qualité importante pour le Verseau, qui cherche à évoluer à travers les causes humanitaires. Altruiste, il apprécie chez les Gémeaux leur bonne communication et leur détachement de tout ce qui est conventionnel.

Leurs complices

Le besoin de communication des Gémeaux s'accompagne d'une envie de mobilité. Voyageur, c'est un signe qui a du mal à rester en place. Ce besoin de découverte plaît énormément au **Bélier**, qui est toujours prêt à partir à l'aventure et à braver le danger. Avec cette attitude téméraire, il forme avec le natif des Gémeaux le binôme parfait.

Quant au **Lion**, c'est une énergie qui aime faire la fête et être entourée par ses amis. Bon vivant, il aime que les gens soient à l'aise et trouve que les Gémeaux savent tout de suite détendre l'atmosphère par leur communication spontanée et leur sens de l'humour. On ne s'ennuie jamais avec les Gémeaux et le Lion apprécie leur bonne compagnie.

Leur alter ego

Opposés au signe du **Sagittaire**, les Gémeaux ont pourtant beaucoup en commun avec cette énergie de feu. Ce sont des voyageurs, passionnés d'apprentissage et en quête de lien social. À l'inverse des Gémeaux, le Sagittaire a besoin de voir plus grand et envisage le monde spirituel, là où les Gémeaux restent dans une logique mentale assez rationnelle.

Le Sagittaire apprend aux Gémeaux à sortir de leur zone de confort, de leur milieu, pour aller explorer d'autres manières de penser et de vivre. Très associés à leurs amis, les Gémeaux peuvent en effet avoir tendance à fréquenter le même cercle, ce qui peut parfois les enfermer dans un monde bien à eux.

Ceux qui les amènent à se remettre en question

Les Gémeaux ont tendance à fuir leurs responsabilités. L'argent est important uniquement pour subvenir à ses besoins, ce n'est pas un signe qui rêve de fortune. Le signe de la **Vierge** est agacé par cette attitude qu'elle juge immature. Le manque de constance des Gémeaux lui évoque des personnes instables qui manquent de fiabilité. Elle apprend aux Gémeaux que la communication n'a pas qu'un but distractif. La logique et l'observation sont primordiales pour anticiper les choses et faire preuve de responsabilité.

> À noter : La Vierge et les Gémeaux partagent un lien fort avec la planète Mercure, ce qui leur donne une intelligence remarquable.

Quant aux Poissons, ils appréhendent plutôt les discours incessants des Gémeaux, qui tendent à ne pas les laisser exprimer leurs opinions. En prenant trop de place, les Gémeaux ont tendance à accentuer le côté introverti des Poissons. C'est pourtant une énergie qui leur apprend que tout ne passe pas par la parole. L'intuition, les ressentis et l'empathie se font dans le silence et la parole est parfois un trouble à la plénitude. Les Poissons apprennent aux Gémeaux à écouter leur vie intérieure et à prendre du recul.

Les indifférents

Le Scorpion et le Capricorne sont neutres vis-à-vis des Gémeaux. Le Capricorne apprécie leur culture générale et leurs réflexions, tandis que le Scorpion partage leur curiosité grandissante.

Le Taureau et le Cancer ne créent pas d'aspects avec les Gémeaux, car ils se suivent dans le zodiaque. Dans l'année zodiacale, le Taureau stabilise les choses pour que les Gémeaux puissent les présenter aux autres. Par la suite, le Cancer viendra ajouter au besoin de lien social des Gémeaux celui d'appartenir à un groupe, à une famille.

Le Cancer

Sa fratrie dans le zodiaque

Sensible et attaché à sa famille, le Cancer possède une intuition surprenante. C'est une énergie lunaire qui fait preuve de tendresse et de douceur envers les gens qu'elle affectionne. Cette attitude protectrice est admirée par les

Poissons, qui trouvent chez le Cancer le confident qui les comprend le mieux. Très sensibles au monde qui les entoure, ces deux signes ne supportent pas d'être brusqués et aiment évoluer dans un environnement pacifique.

Quant au Scorpion, il apprécie l'exigence dont fait preuve le Cancer lorsqu'il s'attelle à protéger les siens. Ils partagent le même courage dès lors qu'ils doivent assumer leurs responsabilités et savent mieux maîtriser leurs émotions que les Poissons, qui ont tendance à se laisser submerger plus facilement.

Ses complices

Pour structurer sa vie privée et son foyer, le Cancer aspire à la stabilité et à l'organisation. Signe calme et pacifique, il aime passer du temps chez lui, ce qui plaît énormément au Taureau. Casanier par excellence, ce signe de terre apprécie la simplicité du Cancer. Amateurs de cuisine, ils peuvent s'entendre à merveille dans ce domaine et préféreront passer une soirée à la maison plutôt que sortir et voir le monde briser leur tranquillité.

Quant à la Vierge, elle apprécie le sens de l'organisation du Cancer. Elle se sent comprise par cette énergie sensible qui arrive à déceler ses faiblesses. La Vierge sait qu'elle peut se confier au Cancer et se montrer vulnérable face à lui.

Son alter ego

Le signe du Cancer représente le passé, on lui attribue souvent des pensées mélancoliques. Son signe opposé, le Capricorne, est attaché aux traditions émanant du passé. Ces deux énergies aspirent à la construction d'un foyer stable, le Cancer en apportant l'amour et l'affection nécessaires, tandis que le Capricorne cherchera à mettre les siens à l'abri par le biais du travail.

Le Capricorne apprend au Cancer à évoluer vers un objectif plus concret. « On ne vit pas d'amour et d'eau fraîche » pourrait être une phrase d'un Capricorne à un Cancer. Leur complémentarité amène le Cancer à s'imposer plus facilement et à faire preuve d'autodiscipline.

Ceux qui l'amènent à se remettre en question

Le Cancer garde un côté enfantin, il représente l'enfance dans le thème astral. C'est une énergie calme et douce. Ce trait de caractère a tendance à impatienter le Bélier, qui peut voir chez le Cancer un frein à son évolution. Le Bélier a besoin que les choses aillent vite et n'hésite pas à hausser le ton s'il sent qu'il se fait manipuler. Ce signe de feu apprend au Cancer à être plus réactif et à cesser de se lamenter sur le passé.

Quant à la Balance, elle peut mal vivre les changements d'humeur du Cancer. Bien qu'elle soit elle aussi indécise, elle ne pénalise pas les autres par son manque de certitude et se plie souvent à leur volonté, là où le Cancer peut se montrer têtu. Le Balance apprend au Cancer qu'il faut toujours dialoguer et non se fermer à la communication parce que cela n'arrange jamais les choses.

Les indifférents

Le **Verseau** et le **Sagittaire** sont neutres vis-à-vis des Cancers. Néanmoins, le Sagittaire apprécie son intuition et son ouverture sur le monde spirituel, tandis que le Verseau se reconnaît dans sa vision pacifique et humaniste.

Les **Gémeaux** et le **Lion** ne créent pas d'aspects avec le Cancer, car ils se suivent dans le zodiaque. Dans l'année zodiacale, les Gémeaux ont apporté la communication et le besoin de lien social que le Cancer a modelés pour créer la notion d'appartenance à une famille, tandis que le Lion vient ensuite ajouter l'ego qui permet de se démarquer au sein du clan.

Le Lion

Sa fratrie dans le zodiaque

Ambitieux et démonstratif, le Lion est un extraverti qui aime être mis en avant. Sa générosité et sa noblesse de cœur font de lui une énergie loyale et attentionnée. Ce tempérament fougueux plaît au **Bélier**, qui se retrouve dans l'esprit de compétition du Lion. Ils pourraient devenir concurrents, mais une forme de respect perdurera entre eux.

Quant au **Sagittaire**, il apprécie l'esprit obstiné du Lion qui a tendance à ne jamais changer d'avis, car cela lui donne une forte personnalité. Ces deux signes partagent un grand besoin de lien social, qui les amène à aimer les activités de groupe.

Ses complices

Le Lion aime briller en société et accorde une importance majeure à sa position sociale, mais il est conscient que pour être leader il faut être entouré. De ce fait, c'est un signe qui apprécie le contact social et qui a en commun avec les Gémeaux un penchant pour les moments simples et plaisants passés entre amis.

Quant à la Balance, elle partage avec le Lion le goût du beau, du luxe et le besoin de séduction. Là où le Lion affiche sa prestance, la Balance apporte du charme et de la sensualité.

Son alter ego

Le Verseau invite le Lion à se concentrer sur des causes sociales plutôt que personnelles. Cet axe évoque également l'équilibre entre la vie intime du Lion et la vie amicale du Verseau.

Ceux qui l'amènent à se remettre en question

Le Lion exprime un besoin de reconnaissance profond, ce qui l'amène à exposer ses réussites et parfois sa vie privée. Ce trait de caractère n'est pas apprécié par le Scorpion, qui, malgré ses ambitions financières, préférera toujours la discrétion. Il invite le Lion à faire preuve de plus de méfiance à ce sujet.

Le Taureau trouve que le Lion peut avoir du mal à profiter des choses simples de la vie. Casanier et calme, il est à l'opposé des envies du Lion, qui mènent celui-ci à côtoyer bon nombre de personnes et à aller dans de multiples endroits. Ainsi, le Taureau apprend au Lion à profiter de la vie sans exubérance.

Les indifférents

Les Poissons et le Capricorne sont neutres vis-à-vis du Lion. Néanmoins, le Capricorne apprécie son ambition et l'autorité qu'il est capable de véhiculer, même s'il peut le trouver exubérant. Quant aux Poissons, ils apprécient le caractère généreux du Lion et son besoin d'amour qu'il n'hésite pas à démontrer (jusqu'à être étouffant parfois).

Le Cancer et la Vierge ne créent pas d'aspects avec le Lion, car ils se suivent dans le zodiaque. Dans l'année zodiacale, le Cancer évoque le besoin de se sentir en sécurité dans un cocon familial, une patrie ou un clan. Le Lion arrive ensuite, avec son esprit dominant, dans la continuité de l'énergie Cancer qui cherche à protéger les siens. Rappelons que le Cancer et le Lion sont associés aux luminaires (le Soleil et la Lune), ce qui les lie fortement.

Quant à la Vierge, elle apprécie la générosité du Lion, mais se trouve parfois agacée par sa capacité à procrastiner. La Vierge est trop rationnelle pour trouver l'esprit artistique et créatif du Lion rassurant, craignant que les actions concrètes ne suivent pas.

La Vierge

Sa fratrie dans le zodiaque

La Vierge est travailleuse et ordonnée. Elle a besoin d'être entourée de personnes posées et réfléchies. Ce sérieux est apprécié par le Taureau, qui trouve en la Vierge une grande fiabilité. Ils peuvent devenir de parfaits associés car ils partagent le besoin d'une routine qui les sécurise. L'équilibre de leur foyer est primordial. Ils chercheront ensemble tous les moyens pour le préserver en réglant avec intelligence leurs désaccords.

En ce qui concerne le **Capricorne**, il aime particulièrement la discrétion de la **Vierge**, qu'il perçoit comme un signe de maturité et de maîtrise. Le Capricorne demande facilement conseil à la Vierge, qui saura garder un secret, mais aussi le faire réfléchir et l'orienter. Leur recherche constante de sécurité, même dans l'amour, ne fait pas d'eux de grands romantiques.

Ses complices

La Vierge est dévouée, elle cherche constamment à améliorer le quotidien de son entourage. Son organisation, parfois perçue comme rigide, est en réalité son meilleur atout. Le **Cancer** affectionne cette qualité, dont il use lui-même au sein du cocon familial. Cette dévotion aux siens est similaire à celle de la Vierge. Ils savent l'un et l'autre s'apporter attention et écoute.

La Vierge est un signe discret, elle ne dévoile pas facilement sa vie privée, tout comme le **Scorpion**. Ils ont une aptitude conjointe à se comprendre sans avoir à s'exprimer. Ce sont des signes qui savent parfaitement garder des secrets. Ils sont des amis fiables ou des amants qui se respectent.

Son alter ego

La Vierge risque fort de tomber dans les filets des **Poissons**. Leur fragilité la touche et elle s'attache facilement à ces êtres indulgents, altruistes et aimants. Ils lui montrent qu'il est possible de s'ouvrir à son intuition. Leur association solide est fondée sur une grande droiture l'un envers l'autre.

Ceux qui l'amènent à se remettre en question

La Vierge est pragmatique et recherche la perfection. C'est une qualité qui peut se transformer en défaut car elle fait souvent tendre ce signe vers l'insatisfaction permanente. La Vierge développe alors un comportement trop critique envers elle-même et les autres. C'est le signe des **Gémeaux** (avec lequel elle partage Mercure et donc une grande curiosité et des capacités intellectuelles élevées) qui la fait tendre vers le lâcher-prise. La Vierge apprend des Gémeaux que toutes les réflexions n'ont pas forcément des objectifs logiques et utiles. On peut aimer, plaisanter, parler de tout et de rien juste pour faire passer le temps.

À l'inverse, c'est le signe du **Sagittaire** qui aide la Vierge à penser un peu plus à elle. Signe de dévotion par excellence (avec son opposé, les Poissons), la Vierge n'hésite pas à se plier en quatre pour faciliter la vie des autres. Cependant, il lui arrive souvent de ne pas assez penser à elle, à ses objectifs personnels (qui sont souvent reliés à l'autre, notamment dans le travail) et à sa liberté. Le Sagittaire, qu'elle peut avoir tendance à trouver immature, est là pour lui faire entrevoir que tout est possible, sans rester uniquement dans l'aspect rationnel des choses. Il lui apprend à être plus libre et plus épanouie.

Les indifférents

Le Bélier et le Verseau sont neutres vis-à-vis de la Vierge. Néanmoins, le Verseau apprécie sa fiabilité et sait que s'il a un projet il pourra toujours compter sur elle pour être disponible et efficace. Ils partagent tous deux une forme d'altruisme qui est vécu différemment chez ces deux énergies.

La Balance et le Lion ne créent pas d'aspects avec la Vierge, car ils se suivent dans le zodiaque. Dans l'année zodiacale, le Lion évoque le besoin d'exprimer sa créativité et de se faire aimer des autres, tandis que la Balance part à la rencontre de l'autre afin de s'associer avec lui. La Vierge est un signe de transition entre la sphère personnelle et la sphère impersonnelle du zodiaque. Elle remet tout en ordre et priorise nos actions pour nous permettre de bien vivre les associations futures recherchées par la Balance.

La Balance

Sa fratrie dans le zodiaque

À l'écoute et conciliante, la Balance recherche le lien social et l'harmonie. Elle a besoin d'être aimée et se plie souvent aux volontés des autres plus qu'elle ne s'impose. Son tact et son intelligence sont estimés par les Gémeaux, qui adorent les débats et les échanges. Ces deux signes curieux peuvent devenir de vrais amis qui ne cesseront d'avoir des conversations en tout genre.

Le Verseau est un idéaliste ambitieux. Avec la Balance, il trouve une partenaire à sa hauteur pour échafauder des plans pour un monde plus juste. Tous deux adeptes d'égalité, ils sont des candidats idéals pour défendre des causes. Le Verseau aime la diplomatie de la Balance et sa facilité à apaiser les conflits.

Ses complices

La Balance est un signe vénusien qui apprécie l'art et le luxe, des points communs avec le Lion. Tous deux amateurs de belles choses, de culture ou tout simplement artistes, ils vivent intensément et aiment le faire savoir. Ils savent se mettre en valeur mutuellement autant en amour qu'en amitié.

Quant au Sagittaire, il se trouve être le second justicier du zodiaque, après la Balance. Ces deux signes vouent un intérêt aux causes sociales et cherchent en permanence à agir de manière juste et équitable. Rationnels, ces deux signes ont une bonne entente amoureuse sans s'encombrer du côté sentimental.

Son alter ego

Le Bélier apprend à la Balance à mettre en avant son point de vue et à ne pas toujours céder aux envies des autres. Fougueux, il donnera du piment à la relation amoureuse en apportant à la Balance passion et attention. Tout en étant opposés, ces deux signes s'attirent car ils ont tout à gagner en se rapprochant.

Ceux qui l'amènent à se remettre en question

La Balance est un signe cardinal qui est poussé par sa curiosité et son besoin de plaire à l'autre. Ainsi, elle s'intéresse aux causes extérieures à son environnement familial et amical, chose qui n'est pas recherchée par le **Capricorne** et le **Cancer**. Si la Balance est sociable et enjouée, le Capricorne, lui, fait preuve de réserve et peut avoir tendance à trouver la Balance superficielle et immature. Le Capricorne apprend à la Balance à mieux s'accommoder de la solitude, afin de ne pas tomber dans la dépendance affective. Il est important que la Balance se réjouisse de pouvoir compter sur elle-même.

Quant au Cancer, il l'invite à se détacher de l'importance qu'elle peut accorder aux apparences. Le Cancer représente la vie intime, les émotions et tout ce qui est lié à nos ressentis les plus profonds. C'est le cocon où l'on se sent en sécurité. La Balance peut avoir tendance à se perdre, car elle accorde beaucoup d'importance à ce que les autres peuvent penser d'elle. Le Cancer lui rappelle qu'elle est déjà un être magique, avec des émotions et une intuition très forte, qui peuvent l'aider à ne pas se précipiter dans une relation ou un projet.

Les indifférents

Le **Verseau** et les **Poissons** sont neutres vis-à-vis de la Balance. Néanmoins, le Verseau apprécie sa capacité à régler les conflits et à faire perdurer l'harmonie dans un groupe, tandis que les Poissons se retrouvent dans son pacifisme et son besoin de faire régner la justice.

La **Vierge** et le **Scorpion** ne créent pas d'aspects avec la Balance, car ils se suivent dans le zodiaque. Dans l'année zodiacale, les six premiers signes évoquent la construction de la personnalité. La Vierge a remis les choses en ordre pour que nous entrions dans la seconde partie du zodiaque de la manière la plus sereine qui soit. Ainsi, la Balance peut partir à la rencontre de l'autre, tandis que, par la suite, le Scorpion viendra remettre en question certaines relations et aura tendance à enquêter sur les choses apprises dans le monde extérieur.

Le Scorpion

Sa fratrie dans le zodiaque

Mystérieux et déterminé, le Scorpion est un signe puissant qui détient un magnétisme et un charisme sans pareils. Le **Cancer** aime son côté protecteur, qui fait de lui une valeur sûre. Ils se comprennent à merveille et se préservent l'un l'autre. La loyauté du Scorpion instaure une confiance très forte entre ces deux signes, qui vouent un intérêt considérable à la notion de famille et de clan.

Quant aux **Poissons**, ils admirent la force et la maîtrise qu'il semble avoir sur ses émotions. L'authenticité du Scorpion balaye toute méfiance que pourraient avoir les Poissons. Ils sont sur la même longueur d'onde émotionnelle et passionnelle, au point de se perdre l'un dans l'autre.

Ses complices

Le **Capricorne** aime la détermination du Scorpion. Ils partagent tous deux un sens du travail et une endurance qui les rendent indépendants et sérieux. Ils pourraient aisément travailler ensemble, voire pousser leur collaboration plus loin en décidant de monter une affaire et de s'associer.

Quant à la Vierge, elle estime sa fiabilité. Il n'y a pas de mauvaises surprises avec ce signe si l'on est loyal et honnête avec lui. Avec leur sens de l'observation bien aiguisé et leur logique à toute épreuve, la Vierge et le Scorpion forment le parfait duo. Discrets et secrets, ils sont réservés sur leurs sentiments. Ils ne s'engagent pas à la légère.

Son alter ego

Le Scorpion est tourné vers ses émotions, alors que le Taureau est davantage ancré dans le réel et garde les pieds sur terre. L'association de ces deux énergies crée généralement un duo sans pareil, fusionnel tout en laissant de la place à l'individualité et à la volonté de chacun. Le Taureau apporte de l'apaisement au Scorpion torturé.

Ceux qui l'amènent à se remettre en question

Le Scorpion est le signe d'eau fixe, qui fait preuve d'une maîtrise totale de ses émotions, on pourrait parfois croire qu'il ne ressent rien. Solitaire, méfiant et mystérieux, il n'apprécie pas l'intrusion et la curiosité que peuvent avoir les autres à son égard. Constant et parfois sauvage, il évoque l'instinct de survie et n'hésitera pas à remettre en question ce qui doit l'être. Cette manière d'être peut parfois faire tendre vers l'autodestruction. Le Verseau apprend au Scorpion à cesser de compter uniquement sur lui-même. La notion de collectivité qu'il porte invite le Scorpion à s'associer et à instaurer de la confiance entre lui et les autres. Pour le Scorpion, cela représente un risque, mais surtout une opportunité de se décharger et ne pas tout porter sur ses épaules. Le Verseau représente le changement, chose qui n'est pas appréciée par le Scorpion, qui cherche à tout contrôler. C'est donc en sortant de sa zone de confort sur ce sujet que le Scorpion pourra entrevoir la vie différemment.

Quant au Lion, il a beaucoup en commun avec le Scorpion (ambition, recherche de l'abondance, caractère possessif…), mais il l'invite tout de même à profiter de l'instant présent. Le Lion représente les loisirs et la créativité, choses que le Scorpion s'accorde difficilement. C'est donc une énergie aussi ambitieuse que lui qui lui suggère de faire une pause pour mieux repartir.

Les indifférents

Le Bélier et les Gémeaux sont neutres vis-à-vis du Scorpion. Néanmoins, le Bélier lui reconnaît du courage et une détermination exemplaire. Cela pourrait créer une belle association entre ces deux signes, tout comme une compétition féroce. Quant aux Gémeaux, ils ont du mal à saisir les besoins du Scorpion tant ils sont connectés à l'instant présent et aux petits plaisirs de la vie.

La Balance et le Sagittaire ne créent pas d'aspects avec le Scorpion, car ils se suivent dans le zodiaque. Dans l'année zodiacale, la Balance est partie à la rencontre de l'autre et a tissé des relations dans lesquelles elle s'est engagée. Le Scorpion arrive alors comme l'enquêteur qui veut s'assurer qu'aucune de ces relations n'est toxique. Il cherche à comprendre les pensées profondes des gens afin de ne pas se faire avoir, car il vit très mal les trahisons. Après lui, le Sagittaire apportera un vent de légèreté dans le zodiaque, à travers une quête d'indépendance.

Le Sagittaire

Sa fratrie dans le zodiaque

Optimiste et aventurier, le Sagittaire fait preuve d'une grande ouverture d'esprit et d'un besoin de découvertes. Ambitieux, mais manquant de stabilité, il a tendance à s'éparpiller dans ses projets. Il admire particulièrement le **Bélier**, qui sait se fixer un seul et unique objectif. La profusion d'idées du Sagittaire associée à la détermination du Bélier rend les deux signes complémentaires, si bien collaborer ou devenir les meilleurs amis du monde. Bons vivants et hyperactifs, ils partagent leurs passions (voyages, sport…) en véritable binôme.

Le **Lion**, lui, apprécie le côté mondain du Sagittaire, qui aime être perçu comme une figure importante. Cette attitude réveille le sens de la compétition du Lion et provoque une admiration réciproque, qui en fait de très bons associés. Toujours positifs, ils s'épauleront l'un l'autre en gardant une vie dynamique même dans les périodes les plus difficiles.

Ses complices

Signe de feu le plus sociable, le Sagittaire s'entend vraiment bien avec les signes d'air. Enjoué, il partage avec la **Balance** le plaisir de réunir et de rencontrer des gens afin de créer des liens. Ces deux-là ont besoin de monde autour d'eux pour s'épanouir. Ils ont également en commun un sens de la justice et de la tolérance qui les rend extrêmement compatibles.

Son autre complice est le **Verseau**, qui est aussi idéaliste que lui. Ces aventuriers des temps modernes ont l'intime conviction qu'ils peuvent changer le monde. Ils pensent collectif et se sentent concernés par les grandes causes. Ils s'investissent avec conviction dans des associations ou pour des causes qu'ils estiment justes.

Son alter ego

Très complémentaires, les **Gémeaux** sauront surprendre le Sagittaire grâce à leur personnalité double. Ils sont tous extravertis, amusants et observateurs. Très sociables, ils font l'unanimité autour d'eux et sont très entourés. Toujours en quête d'inattendu et de sensations, le signe des Gémeaux cherche à ramener le Sagittaire sur terre en lui inculquant des valeurs plus simples, car il peut facilement se couper de la réalité.

Ceux qui l'amènent à se remettre en question

Le Sagittaire est le signe de feu mutable, ce qui lui confère de grandes capacités d'adaptation et un besoin d'adrénaline très fort. Allergique aux états d'esprit fermés et aux traditions qui emprisonnent, le Sagittaire cherche à se construire sa propre philosophie de vie afin de profiter pleinement de tout ce que l'existence peut offrir.

Si le Sagittaire trouve la **Vierge** pessimiste et ennuyeuse, celle-ci l'invite tout de même à se construire une stabilité. Ces signes partagent un intérêt très fort pour le bien-être des autres, ils savent tous deux qu'ils ont besoin de ceux-ci pour exister. Néanmoins, le Sagittaire semble beaucoup plus détaché, car son besoin d'indépendance le freine dans l'expression de ses sentiments. Indépendance, oui ; inconscience, non, dit la Vierge au Sagittaire. Elle l'encourage à se protéger face aux aléas de la vie, au lieu de vivre au jour le jour et de parfois dépendre des autres, notamment sur le plan financier.

Quant aux Poissons, ils partagent avec le Sagittaire un intérêt très fort pour la spiritualité et/ou la religion. À eux deux, ils pourraient se perdre dans leurs idéaux et retrouver difficilement le chemin de la raison. Néanmoins, le Sagittaire a beaucoup à apprendre des Poissons. Il est vrai que ce signe d'eau fait preuve d'une grande intuition et ne néglige pas ses émotions. Le Sagittaire ne doit pas oublier d'écouter sa voix intérieure, car sinon il pourrait uniquement suivre la tendance et ne pas trouver son propre bonheur.

Les indifférents

Le Taureau et le Cancer sont neutres vis-à-vis du Sagittaire. Néanmoins, le Taureau apprécie son côté épicurien et son besoin d'indépendance qui le mènent parfois à s'isoler. Le Cancer retrouve chez le Sagittaire certains principes moraux, bien qu'il craigne l'instabilité que celui-ci représente, notamment sur le plan géographique.

Le Scorpion et le Capricorne ne créent pas d'aspects avec le Sagittaire, car ils se suivent dans le zodiaque. Dans l'année zodiacale, le Scorpion a remis en question tout ce qui a pu être appris des autres, tant il ne leur fait pas confiance. Le Sagittaire vient alors pour explorer le monde et accumuler le plus de connaissances possible. Le Capricorne cherchera une méthode pour utiliser ces apprentissages dans le but de construire quelque chose de stable, mais surtout de durable.

Le Capricorne

Sa fratrie dans le zodiaque

Signe le plus sérieux du zodiaque, le Capricorne a un rôle de chef, y compris dans sa famille d'éléments. Le Taureau apprécie sa solidité, sa persévérance et sa capacité à mener ses projets. Il le considère comme un modèle de réussite. Réciproquement, le Capricorne a un faible pour le calme et l'authenticité du Taureau, qui lui inspirent confiance.

La Vierge, elle, est attirée par son côté rassurant. Ces deux signes sont dévoués au travail et aux responsabilités, ce sont des énergies fiables, tenaces et rationnelles. Ils s'entendront dans tous les domaines et mèneront une vie paisible en parfaite osmose. Ils sont peu portés sur la nouveauté, l'excentricité n'est pas leur point fort.

Ses complices

Avec son petit côté austère, le Capricorne donne généralement l'impression d'être insensible. Les Poissons lui apportent douceur, empathie et attention. Ils lui permettent de comprendre les autres, de faire preuve de tolérance et d'humanité. Ils sont parfaitement complémentaires, les Poissons étant une véritable source de vitalité et d'attention pour le Capricorne un peu trop sérieux.

Quant au Scorpion, il aime l'ambition du Capricorne, qu'il considère souvent comme un mentor. Ce sont deux énergies volontaires et disciplinées qui aiment le pouvoir et la réussite. Ils sont les candidats parfaits pour s'associer en affaires comme en amour. Loyaux, ils s'engageront l'un envers l'autre avec sincérité.

Son alter ego

Ces deux signes sont complémentaires car l'hypersensible **Cancer** pousse le froid Capricorne à prendre en considération sa vie intérieure. Leur association évoque un travail sur l'axe familial et professionnel. Chacun doit trouver son équilibre entre sentimentalisme et retenue pour faire émerger le meilleur de la relation. Si tel est le cas, ils vivront une belle histoire.

Ceux qui l'amènent à se remettre en question

Le Capricorne est le signe de terre cardinal du zodiaque, ce qui le pousse à mettre en avant son autorité, quitte à passer pour une personne insensible. Rien ne compte plus que le respect pour cette bête à cornes qui vit très mal l'idée de se dévoiler, surtout sur le plan émotionnel. Avec le signe du **Bélier**, ils partagent les mêmes objectifs (réussite, ambition, indépendance), mais ne vivent pas ceux-ci de la même manière. Si le Capricorne est prudent, réservé et calme, le Bélier, lui, n'hésite pas à foncer dans le tas, parfois même sans se questionner. C'est alors que le Bélier apprend au Capricorne à oser sortir de sa zone de confort, en forçant le destin de temps à autre. En étant trop suspicieux et sérieux, le Capricorne loupe des opportunités et fait jouer le temps contre lui.

Quant à la **Balance**, elle fait preuve d'une spontanéité surprenante qui peut déranger le Capricorne, qui se veut plus traditionnel, dans le respect des règles anciennes. La Balance apprend au Capricorne que l'on ne trouve pas le bonheur en restant seul dans son coin et, surtout, que personne ne peut se vanter d'avoir la science infuse. C'est ainsi qu'elle lui ouvre les portes de la sociabilisation et de l'appréciation de la compagnie des autres. Bien que sélectif sur les gens qu'il décidera de fréquenter, le Capricorne sortira gagnant de cette avancée.

Les indifférents

Le **Lion** et les **Gémeaux** sont neutres vis-à-vis du Capricorne. Néanmoins, le Lion partage avec lui une forte ambition qui peut parfois attiser la jalousie et la compétition entre ces deux énergies. Les Gémeaux sont souvent considérés comme irresponsables par le Capricorne, qui est loin d'être un adepte des imprévus et de l'indécision. Par ailleurs, les Gémeaux et le Capricorne se retrouvent lorsqu'il s'agit de faire grandir leur culture générale.

La **Sagittaire** et le **Verseau** ne créent pas d'aspects avec le Capricorne, car ils se suivent dans le zodiaque. Dans l'année zodiacale, le Sagittaire représente l'indépendance et le besoin d'aventure qui mènent à de nombreux apprentissages. Le Capricorne intervient pour calmer le jeu et tirer de ces apprentissages quelque chose de constructif. Par la suite, le Verseau viendra exposer le projet au monde et cherchera à réunir un maximum de personnes autour de sa cause.

> À noter : avant la découverte d'Uranus en 1781, Saturne (l'astre du Capricorne) était également relié à l'énergie du Verseau, ce qui laisse entrevoir encore aujourd'hui de nombreuses similitudes entre ces deux énergies. Chez le Verseau, on remarquera des comportements uraniens et d'autres plus saturniens qui seront proches de ceux du Capricorne.

Le Verseau

Sa fratrie dans le zodiaque

Idéaliste et avant-gardiste, le Verseau est ambitieux, mais ne se voit pas avancer seul. Il a besoin d'échanger, d'apprendre des autres, afin de se nourrir intellectuellement. Les Gémeaux aiment la perspicacité du Verseau et sa volonté d'accomplir de grandes choses. Ils peuvent ensemble refaire le monde lors de discussions interminables.

Quant à la Balance, elle admire la manière dont il gère les rapports humains et la facilité avec laquelle il fédère autour de lui. Réciproquement, le Verseau estime la Balance pour ses qualités de médiatrice et son sens de l'harmonie. Elle est douée pour résoudre les situations les plus délicates. Son charme ne le laisse pas indifférent.

Ses complices

Plus stable que les autres signes d'air, le Verseau n'aime pas la procrastination. Il affectionne particulièrement le Bélier et son énergie parce que ce signe ose aller de l'avant pour atteindre ses objectifs, sans se laisser déstabiliser. Le Bélier estime la créativité du Verseau et n'hésitera pas à mettre sa virtuosité au service de ce dernier pour l'aider à réaliser ses aspirations.

Il a un lien fort avec le Sagittaire, tous deux étant de grands idéalistes. Ouverts aux autres et curieux, ces deux esprits animés aiment les grands débats d'idées et l'éloquence. Leur besoin d'indépendance les rend parfois imprévisibles. Ils prendront un certain temps avant de s'engager l'un envers l'autre.

Son alter ego

Le signe du Lion amène le Verseau à prendre en considération sa vie intime et ses ambitions personnelles autant que sa vie sociale et professionnelle. Le Lion est avant tout dans l'action et l'intuition ; le Verseau, dans les idées et les concepts. Chacun incitera l'autre dans son expression personnelle. Ce binôme est une vraie force créatrice. Leur attirance physique promet une rencontre charnelle.

Ceux qui l'amènent à se remettre en question

Le Verseau est le signe d'air fixe, ce qui fait de lui le signe aérien le plus stable. Avant-gardiste, curieux et ferme dans ses idées, il lâche difficilement prise lorsqu'il se fixe un objectif. Le Verseau est souvent incompris, car il a besoin d'être très entouré, mais tient à conserver son indépendance. Le Taureau vient lui montrer la voie de la raison parce que le Verseau peut parfois se perdre dans tous ses projets. Il est donc important pour celui-ci de remettre la logique et la raison au centre, car son idéalisme peut parfois l'empêcher d'aller au bout de ses entreprises.

Quant au signe du Scorpion, il met en avant la prudence quant à la confiance que le Verseau accorde rapidement aux autres. Il invite aussi ce dernier à remettre en question ce qui doit l'être et à laisser mourir les projets qui n'aboutiront pas. Comme le Verseau renonce difficilement, le Scorpion va tenter de le faire sortir de sa zone de confort.

Les indifférents

La **Vierge** et le **Cancer** sont neutres vis-à-vis du Verseau. Néanmoins, la Vierge apprécie son authenticité et son franc-parler, tandis que le Cancer partage avec lui le besoin d'être intégré dans un groupe. L'altruisme du Verseau est également apprécié par ces deux signes, qui tiennent compte des sentiments des autres dans leurs démarches.

Les **Poissons** et le **Capricorne** ne créent pas d'aspects avec le Verseau, car ils se suivent dans le zodiaque. Dans l'année zodiacale, le Capricorne est venu pour mettre en place les bases d'un projet durable et stable. Le Verseau intervient pour aller chercher l'inspiration que le Capricorne ne s'autorise pas, car celui-ci est réfractaire à l'innovation et au futur. L'avant-gardisme du Verseau apporte de nouvelles opportunités, mais aussi des changements conséquents qui vont devoir être pris en compte avant d'entamer un nouveau départ avec l'énergie Bélier. C'est pourquoi l'énergie des Poissons suit le Verseau, qui a symboliquement versé l'eau afin que les Poissons puissent faire émerger tout l'imaginaire et le rêve qu'ils définissent. Les Poissons lui permettent d'écouter ses besoins intérieurs, tout en faisant preuve d'une forte considération envers les autres.

Les Poissons

Leur fratrie dans le zodiaque

Signe le plus spirituel du zodiaque, les Poissons ne se contentent pas de ressentir leurs émotions, ils les vivent intensément. Ils partagent cette sensibilité avec le **Cancer**, qui n'hésite pas à rassurer et à apaiser les Poissons. Ils se comprennent mutuellement et ne jugent pas leurs émotions. Ensemble, ils sont au diapason.

De son côté, le **Scorpion** reconnaît leur altruisme et se sent redevable de leur gentillesse. Il peut enfin faire confiance à ces êtres dévoués et sincères. Bien plus ancré, le Scorpion est touché par la sensibilité des Poissons, avec lesquels il partage une connexion particulière à la spiritualité.

Leurs complices

Signe d'eau pacifique, les Poissons apprécient le calme et l'authenticité du **Taureau**. Allergiques à l'impulsivité, ils vivent mal les situations stressantes, tout comme le Taureau, qui a besoin d'un environnement chaleureux et sécurisant. Ils sauront apporter leur dévouement et une affection débordante à ce signe de terre.

Les Poissons reconnaissent la personnalité pragmatique et réaliste du **Capricorne**, sans quoi les rêves restent des chimères. Sage et juste, le Capricorne sait faire régner l'ordre et ne tolère aucun favoritisme, ce que les Poissons voient d'un très bon œil.

Leur alter ego

Le signe de la **Vierge** aide les Poissons à être plus cartésiens sur les événements de la vie. Ils se complètent, car l'un est en quête de développement personnel, voire spirituel, et l'autre cherche la perfection d'ordre plus rationnel. Ensemble, rien n'est impossible, ils s'apportent tour à tour rêves et raison, ce qui leur permet d'atteindre leurs objectifs avec harmonie.

Ceux qui les amènent à se remettre en question

Les Poissons sont le signe d'eau mutable, ce qui met en avant la puissance des émotions et de l'intuition de cette énergie astrologique. Ils représentent le rêve, l'immatériel et le besoin que nous avons tous de croire en quelque chose (en Dieu, en l'Univers, en soi...). Avec une grande sensibilité au monde qui les entoure et notamment aux animaux, les Poissons font preuve d'une grande empathie et n'ont pas besoin d'échanger avec les autres pour percevoir leurs ressentis. Cela est parfois pointé du doigt par les **Gémeaux**, signe qui représente la communication. En effet, les Gémeaux apprennent aux Poissons que l'intuition peut parfois conduire à des erreurs importantes, car il arrive que l'on confonde ce qui est et ce que l'on aimerait croire. Selon les Gémeaux, rien ne vaut la communication pour mettre au clair certaines choses, c'est ainsi qu'ils poussent les Poissons à sortir de leur zone de confort afin que ceux-ci disent tout haut ce qu'ils pensent.

Quant au **Sagittaire**, il partage avec les Poissons un amour des voyages, de l'art et un besoin fort de se connecter à quelque chose de plus grand que soi. Néanmoins, il reproche aux Poissons d'être trop naïfs et de laisser les autres profiter de leur gentillesse. Le Sagittaire guide les Poissons vers l'indépendance.

Les indifférents

Le **Lion** et la **Balance** sont neutres vis-à-vis des Poissons. Il est vrai que la Balance partage avec lui le besoin de faire régner l'harmonie et l'équilibre. Tous deux, ils pourraient être considérés comme les messagers de la paix du zodiaque.

Quant au Lion, il se retrouve dans le caractère généreux des Poissons, qu'il affectionne tout particulièrement.

Le **Bélier** et le **Verseau** ne créent pas d'aspects avec les Poissons, car ils se suivent dans le zodiaque. Dans l'année zodiacale, le Verseau crée une dynamique de groupe autour d'un intérêt collectif, ce qui pousse les Poissons à rechercher l'harmonie universelle. Étant connectés à la notion de rêves, les Poissons ouvrent les portes de tous les possibles, ce qui sera bénéfique pour commencer une nouvelle année astrologique avec le signe du Bélier, qui, lui, aura toute l'énergie nécessaire pour se battre pour ses rêves.

LE ZODIAQUE ET L'ENFANT : À CHAQUE SIGNE SON CARACTÈRE

L'étude du thème astral peut s'effectuer à tout âge. Pour un enfant, l'approche est bien évidemment particulière : le secteur du travail représente l'école ; la vie quotidienne, la famille et les copains. Les composantes de la personnalité sont en constante évolution, de manière plus prononcée qu'à l'âge adulte.

Faire une analyse zodiacale pour son enfant, c'est comprendre son potentiel astrologique et mettre en lumière ses aptitudes ou ses difficultés, qui ne sont pas perceptibles de prime abord. Dans la section qui suit, nous passerons en revue le tempérament général de l'enfant selon l'élément de son signe. Il va de soi que seule une étude personnalisée du thème astral complet peut donner des pistes d'évolution individuelle.

Les signes d'eau

L'eau évoque la vie intérieure et ce qui s'y rattache : les émotions, l'intuition, l'imaginaire et le rêve. La logique et le rationnel sont ici submergés par les affects. Cet élément explique le tempérament rêveur de l'enfant, que ce soit à travers son inconscient ou les rêves qu'il aimerait réaliser. Il faut apprendre doucement à l'enfant né sous le signe de l'eau à respecter les règles, les limites et à ne pas vivre uniquement en fonction de son état émotionnel. Doté d'une grande intuition et souvent d'une belle créativité, cet enfant aura besoin d'un coup de pouce pour pouvoir exprimer librement ses émotions. Il a une grande empathie et de la compassion pour les autres.

L'enfant Cancer

C'est un enfant qui a besoin d'une grande sécurité affective. Pour qu'il se sente aimé, il lui faut beaucoup d'affection et, parfois, il demandera qu'on lui accorde une attention plus marquée qu'aux autres membres de la fratrie. Le Cancer est un signe lunaire, ce qui induit un lien particulièrement fort avec la mère.

Les sautes d'humeur sont caractéristiques des jeunes natifs de ce signe. Volontiers lunatiques, ils peuvent changer d'avis sans raison apparente et entrer dans de grandes colères. Patience, écoute et attention leur permettront de s'adapter aux obligations inhérentes à leur âge (école, devoirs). Ils sont, d'autre part, enclins à privilégier la chaleur du foyer et le cocon dans lequel ils se sentent en sécurité. De ce fait, se lancer dans l'inconnu ne relève pas pour eux de l'évidence et leurs débuts à l'école peuvent se révéler compliqués tant ils voudront rester avec leurs parents.

Ces enfants ne supportent ni la violence ni l'agressivité. Il ne sert à rien, si ce n'est à les effrayer, de crier et de s'emporter contre eux. L'envie de réussir à l'école qu'ils manifestent souvent trouve sa source dans le désir de faire la fierté de leurs parents. La notion de famille et de clan est très présente chez ces enfants, qui préfèrent avoir peu d'amis, mais considèrent ceux-ci comme faisant partie de leur fratrie. Ainsi, il est important qu'ils puissent les recevoir à la maison, pour les faire symboliquement entrer dans leur univers le plus intime.

L'enfant Scorpion

L'enfant Scorpion possède un magnétisme très fort ainsi qu'une capacité de concentration surprenante. Souvent, on peut le trouver plus mature que ses camarades. À la fois discret et affirmé, assumant pleinement sa personnalité, il semble dès le plus jeune âge savoir ce qu'il veut.

C'est un signe complexe à comprendre, même chez les enfants, car une attitude sereine et détachée peut masquer un tempérament fort et impulsif. Ils ne sont pas forcément bagarreurs, mais n'hésiteront pas à se défendre. Une fois qu'ils sont lancés, il est difficile de les arrêter – on les dit têtus, obstinés, et peu sensibles aux influences extérieures. Ils font cependant preuve d'une grande émotivité qu'ils savent bien dissimuler.

Ces enfants ne confient pas de bonne grâce leurs problèmes tant ils veulent garder la tête haute. Il est nécessaire de leur poser des questions, car leur caractère entier les détourne du mensonge. Néanmoins, ils n'hésiteront pas à vous manipuler pour obtenir ce qu'ils désirent.

Une relation fusionnelle s'établit souvent avec l'un des parents, ce qui peut engendrer la jalousie d'un frère ou d'une sœur. Il s'agit alors de rassurer ces enfants Scorpion sur la place qu'ils occupent dans la famille, famille envers laquelle ils sauront se montrer protecteurs dès lors que les conflits auront été résolus.

L'enfant Poissons

C'est un enfant sensible, doux, tendre et discret, qui fait preuve d'une grande empathie envers les autres. Gentil et généreux, l'enfant Poissons n'aime pas focaliser l'attention sur lui, car il pense ne pas la mériter ; il aura alors tendance à s'effacer. Il est rempli d'amour, ce qu'il cherche à exprimer dès son plus jeune âge. Pour cette raison, il vous est conseillé de favoriser son contact avec les animaux et, si vous le souhaitez, de prendre un chien ou un chat chez vous.

Par ailleurs, cet enfant a besoin d'être rassuré, car il ressent des émotions qu'il ne peut pas toujours comprendre. Il compatit aux problèmes de ses camarades et sera une oreille attentive pour eux. Cela peut parfois le rendre naïf – il faut donc avoir un œil sur ses fréquentations, dont certaines pourraient l'influencer négativement. À noter que, lorsqu'il est exposé à des moqueries, il les subit de plein fouet parce qu'il est peu enclin à réagir du tac au tac et à imposer le respect.

Il aime la tranquillité et la solitude ne le rebute aucunement. Sensible à l'art, il apprécie tout particulièrement la musique, qu'il écoute en s'abandonnant à ses rêveries. Il est important de le laisser exprimer sa créativité.

Les signes de terre

Le signe de terre est associé au sérieux, à la maturité, à la sagesse et à la patience. Chez ces natifs, il y a peu de place pour l'inattendu, le superficiel, pas plus que pour la vie intérieure. L'enfant de cette constellation est sérieux, ordonné et souvent sage. Il manifeste le plus souvent de l'intérêt pour les amusements calmes et les jeux à la maison. Il apprécie d'autant plus ces distractions qu'elles obéissent à des raisonnements logiques. Cependant, la sphère émotionnelle est souvent occultée et ces enfants peuvent parfois sembler indifférents car il leur est difficile d'exprimer leurs sentiments, y compris envers leurs parents…

L'enfant Taureau

C'est un enfant calme et sensible et très câlin, le toucher est très important pour lui. Il entretient un rapport étroit à la matière. Il peut, par exemple, être viscéralement attaché à ses jouets et à ses vêtements. La perte d'un doudou peut donc virer au cauchemar. Lorsqu'il est très jeune, il s'extrait parfois difficilement de son confort, ses premiers jours d'école peuvent alors être éprouvants.

Si vous déménagez, veillez à accorder une attention particulière à votre enfant s'il est du signe du Taureau, car les changements le déstabilisent. Rassurez-le et aidez-le à trouver au plus vite ses marques dans son nouveau lieu de vie.

Signe vénusien par excellence, le Taureau est en quête d'affection. Cet enfant témoigne un profond attachement à son entourage, notamment à ses parents, dont il redoute l'indifférence et envers lesquels il peut se montrer possessif.

Réputé lent, ce signe donnera à l'enfant Taureau un rythme bien à lui. Il ne faut surtout pas le brusquer, sous peine de lui faire perdre complètement ses repères ! Il n'est pas pressé, certes, mais c'est parce qu'il est sensible aux détails de chaque apprentissage. Son calme et son empathie sont autant de qualités compatibles avec l'accueil d'animaux de compagnie.

L'enfant Vierge

Discrétion et calme déterminent la personnalité de l'enfant Vierge, auquel on prête une âme rêveuse et une sensibilité exacerbée au monde qui l'entoure. Dans ses apprentissages, il s'épanouit davantage dans ce qui a trait à la logique. D'ailleurs, il développe souvent un profil de matheux plutôt que des dispositions littéraires.

À l'école, sa soif de connaissances et son envie d'avoir de bons résultats lui font apprécier les heures passées en classe. Il a rapidement compris l'importance du travail et des devoirs. On pourrait même dire que, inconsciemment, cela le rend heureux, car il s'agit de ses premières responsabilités.

Son besoin de se sentir utile – parmi ses camarades, mais aussi à la maison – est un autre aspect notable. Il est donc essentiel qu'il trouve sa place au sein de la famille et qu'il ait une tâche bien à lui.

Doux et attachant, l'enfant Vierge est également introverti. Sa sensibilité à l'art lui fait rechercher la perfection. Il aime dessiner, lire et développer son imaginaire. Il peut en revanche hésiter à exprimer ses envies, d'où l'intérêt d'être à l'écoute de ses aspirations, qu'il n'osera pas mettre en avant.

L'enfant Capricorne

L'enfant Capricorne fait preuve de capacités de concentration étonnantes. Souvent sage, timide et réservé, il révèle une maturité précoce. Esprit constructif, il n'agit pas dans la précipitation ni sous le coup de l'émotion. Chez lui, les crises sont rares, car il fait naturellement passer le bon sens avant les affects.

Cet enfant peut paraître insensible à cause de son détachement émotionnel. Détrompez-vous, comme tout enfant, il attend qu'on le rassure et qu'on lui manifeste son amour. Il pourrait toutefois très tôt ne pas paraître vulnérable et garder ses émotions pour lui.

Il évolue lentement, mais avec détermination, appréciant le calme et la solitude, ne souffrant nullement de ne pas avoir de fratrie. À l'inverse, l'enfant Capricorne aime nouer des liens d'amitié avec des camarades plus âgés que lui, car il est attiré par leur maturité et leur sérieux.

Il évite les cris, les disputes et les changements brutaux, préférant jouer seul dans la quiétude de sa chambre. Il pourrait mal vivre l'arrivée d'un nouveau membre dans la fratrie par crainte d'être moins aimé. Dans ce cas, il est utile de le rassurer et de l'introniser dans son rôle de grand frère ou de grande sœur, qu'il endossera alors avec fierté.

Les signes de feu

Le feu est synonyme d'action, d'optimisme et de rapidité. La spontanéité associée à cet élément rappelle la jeunesse et l'insouciance. Lié au fait d'entreprendre, il pousse à diriger et à entraîner les autres avec soi. Chez ces natifs, l'esprit de compétition est très développé, ce qui permet de voir la vie en grand et de tenter de réaliser l'impossible. Le feu est le symbole de l'espoir. Ces enfants jouissent d'un tempérament joyeux, optimiste, passionné et spontané. Leur enthousiasme apporte de la joie, ce sont de véritables rayons de soleil. Ils ne passent pas inaperçus et montrent une grande force vitale.

L’enfant Bélier

Le propre de l’enfant Bélier est l’optimisme : il voit toujours le verre à moitié plein. Le Bélier est le premier signe du zodiaque, ce qui explique son avidité de découvertes. Mais, tout à son désir de vivre de nouveaux apprentissages, il peut faire passer le bon sens au second plan et se montrer infatigable.

S’il est particulièrement vif, il apprécie la simplicité et les expériences que la vie lui offre. Esprit éveillé, il a envie de grandir rapidement. Pour l’enfant Bélier, tout est trop lent. Quant à ses parents, n’en parlons pas… ! Il pourrait de ce fait imposer son rythme au foyer et mal vivre les contraintes.

La communication avec l’enfant Bélier revêt une importance fondamentale. Elle lui permettra de comprendre que la précipitation peut parfois lui faire perdre plus de temps que la prudence et ainsi d’accepter l’idée qu’il faut se plier aux règles. L’enfant Bélier doit libérer son trop-plein d’énergie ; aussi, les activités sportives et celles en extérieur sont vivement conseillées. Elles solliciteront en outre son esprit de compétition.

L’enfant Bélier ressent des émotions intenses, car il vit tout avec passion. Il est possible de profiter de moments de tendresse chaleureux avec lui, mais, l’instant d’après, être confronté à ses colères. Plutôt possessif, il entretient un rapport exclusif à ses parents. L’arrivée d’un petit frère ou d’une petite sœur risque de le perturber, il faudra alors l’établir dans son statut d’aîné.

Pour ce qui est de la vie sociale, cet enfant peut être le « chef » de sa bande de copains. À l’école, il aime apprendre, mais peut avoir tendance à bâcler les choses, tant il est dominé par son envie d'en savoir plus.

L'enfant Lion

L'enfant Lion est un leader né, tenaillé par le besoin d'être apprécié. Ce trait de caractère, qui peut être parfois considéré comme de l'égocentrisme, cache généralement une peur de la solitude et du rejet. Il est important de rassurer l'enfant Lion et de le féliciter lors de ses victoires afin qu'il nourrisse un sentiment de reconnaissance.

Compétiteur, il trouve dans la pratique sportive un bon moyen, sinon le meilleur, de canaliser son énergie. Il cultive l'esprit d'équipe dès lors qu'il est à la tête de celle-ci, ce qui n'empêche pas quelques accrocs avec ses camarades. C'est un enfant qui n'aime pas passer inaperçu, car le fait d'être ignoré revient à dire qu'il ne compte pas. Souvent, cet aspect de sa personnalité s'observe dès son plus jeune âge dans sa prestance et sa manière de capter l'attention des adultes.

Signe créatif, le Lion dote ses natifs d'aptitudes artistiques que l'on peut remarquer chez l'enfant lorsqu'il raconte des histoires avec théâtralité. Drôle et charismatique – ce dont il a une conscience aiguë –, il sait en profiter pour vous amadouer et se faire pardonner ses bêtises. Vigilance, vigilance !

Avec ses amis, l'enfant Lion est généreux. Il ne faut pas hésiter à vérifier le contenu de son cartable, tant il est disposé à donner ses affaires à ses copains. Sociable, il aime la compagnie et adore les jours où il y a du monde à la maison. C'est l'occasion pour lui de faire son petit numéro pour amuser la galerie.

L'enfant Sagittaire

Épris d'indépendance, l'enfant Sagittaire pourrait parfois agir comme s'il n'avait besoin de personne. Son désir d'émancipation est fort et pourrait se faire ressentir dès le plus jeune âge. Il peut ne pas attendre l'autorisation de ses parents pour aller à la rencontre d'inconnus, persuadé qu'une bonne étoile le protège : éternel optimiste, d'une part, mais inconscient au point de se mettre en danger, d'autre part. L'enfant Sagittaire est sans doute celui qui se distingue le plus par sa débrouillardise, mais aussi celui qui doit faire l'objet d'une surveillance de chaque instant.

Curieux et intrépide, il n'aura de cesse de réaliser toute idée lui traversant l'esprit. Ainsi, cette prédisposition aventurière peut l'amener à faire de grandes bêtises. S'il est l'aîné, il n'aura aucun mal à rallier le reste de la fratrie, ce qui, sans aucun doute, laissera des souvenirs mémorables à vos enfants. Une surveillance accrue s'impose, ce qui n'exclut pas de parfois lâcher la bride de ce grand indépendant.

Sa vitalité désordonnée incite l'enfant Sagittaire à mener de front plusieurs activités, au risque qu'il s'éparpille. Il est judicieux de lui faire prendre conscience que, lorsqu'il choisit de s'engager dans l'une d'elles, il doit la pratiquer tout au long de l'année et aiguiser son sens des priorités.

L'enfant Sagittaire peut malheureusement avoir une certaine intransigeance. Ses certitudes sont profondément enracinées, ses idées bien arrêtées. Il considère souvent que ce qui est valable pour lui l'est de toute façon pour les autres. Néanmoins, son caractère sociable et sa soif de nouveauté l'affranchissent de toute crainte relative à son entrée à l'école.

Émotionnellement, il peut paraître détaché, mais cela ne signifie nullement qu'il n'éprouve aucun sentiment. L'amour se transmet en même temps que les connaissances et l'enfant Sagittaire apprécie le fait d'apprendre des choses avec les gens qu'il aime.

Les signes d'air

L'élément air accorde la priorité au lien social. La communication, les déplacements, les apprentissages et la réflexion sont symbolisés par cet élément, qui fait de ses natifs des enfants intellectuels, sociables et ouverts d'esprit. Ils témoignent d'une grande curiosité et d'une soif de changement. Ils aiment voyager et aspirent à découvrir de nouveaux horizons pour s'enrichir d'expériences. Ils ne tiennent pas en place et sont souvent drôles et extravertis. Ils ont donc une propension à la dispersion et aux hésitations. La routine et les contraintes peuvent les rendre moroses.

L'enfant Gémeaux

Vif et curieux, l'enfant Gémeaux apprend avec un plaisir immense et sa soif de nouveauté se manifeste dès le plus jeune âge. Il n'est pas rare qu'il maîtrise la marche très précocement, tant il aime être en mouvement. En grandissant, il découvre la lecture et l'écriture, qu'il apprécie particulièrement, tout comme les histoires qu'on lui raconte. Il pourrait bien se passionner pour des activités en lien avec les arts de la scène.

Enjoué et sociable, il sait s'entourer de nombreux amis. Il communique facilement et avec des enfants totalement différents de lui, avec lesquels il n'a aucun mal à tisser des liens. Il se fera un plaisir de décrire chaque soir sa journée en détail.

Son plus grand défaut en classe ? Il est un bavard incorrigible. À l'aise en expression orale, il sera désigné dans son groupe de copains comme le médiateur entre les enfants et les adultes. Souvent le « préféré » des adultes, il sera chargé d'intercéder auprès d'eux pour demander la permission de faire quelque chose.

Les Gémeaux générant une énergie double, il arrive que l'enfant de ce signe se montre lunatique et change d'avis à la dernière minute. Ce côté imprévisible complique toute planification ou anticipation. Pour remédier à cela, rien de mieux que de le rassurer en lui enseignant que faire un choix n'est pas une mauvaise chose. Il est crucial de lui apprendre la valeur de son opinion : il doit se forger un avis en toute indépendance, sans subir l'influence de son environnement.

C'est un enfant enclin à intellectualiser ses émotions. Plutôt que vous dire qu'il vous aime, il vous récitera un poème en y mettant toute son ardeur ou vous écrira une lettre.

L'enfant Balance

Le charme est un terme qui définit bien l'enfant Balance. Doté d'un grand sens de la justice, celui-ci ose prendre parti en affirmant son opinion dès qu'il y trouve une logique égalitaire. De nature conciliante, il fera tout pour éviter les conflits. Il demandera votre permission avant de prendre une initiative et préférera se référer à un adulte en cas de différend à l'école. Il connaît les règles, les « lois » de la cour de récréation et les applique.

Il peut entrer dans une colère noire face à une injustice, qu'il en soit la victime ou le témoin. L'enfant né sous le signe vénusien de la Balance se distingue par une grande sensibilité. Constamment en quête d'une profonde affection, il est attentionné envers les membres de sa fratrie, câlin avec ses parents et amical avec ses camarades.

L'enfant Balance a peur du jugement, le regard des autres exerce un pouvoir non négligeable sur lui. Soucieux de s'adapter à sa bande de copains, il peut aller jusqu'à adopter la même manière de parler, le même style vestimentaire et les mêmes activités. Dans ce cas, la vigilance est de mise, car ses fréquentations pourraient l'influencer et empêcher sa vraie nature de s'exprimer. Ce désir de reconnaissance amène parfois l'enfant Balance à faire les quatre cents coups, juste pour être accepté par le groupe.

Il est content d'avoir du monde autour de lui et recherche l'admiration de ses camarades. Très ouvert aux autres, il voit tous les individus de la même manière. Son sens moral est tel qu'il n'hésitera pas à vous reprendre si vous dites un gros mot, persuadé d'être dans son bon droit. Avec cet enfant, il faut éviter de se contredire ; il est tout à fait capable de rappeler un adulte à l'ordre et ne manquera jamais l'occasion de le mettre face à ses principes.

Délicat, charmant et raffiné, cet amoureux des belles choses a développé très tôt le sens de l'esthétisme, ce qu'il manifeste dans le choix minutieux de ses vêtements.

Il réclame fréquemment la présence d'un ami à ses côtés, tellement le contact avec les autres lui est précieux.

Affectueux et tendre, l'enfant Balance vous abreuve de preuves d'amour, et souvent de manière artistique. Il adore faire des surprises à ceux qu'il aime. Il participe avec passion à la préparation des anniversaires ou des diverses fêtes de l'année.

L'enfant Verseau

Cet enfant indépendant et ingénieux trouve une grande satisfaction dans l'idée de ne pas faire comme tout le monde. Son originalité fait de lui un idéaliste qui peut apprécier autant la compagnie d'un groupe que la solitude.

Intelligent et intuitif, l'enfant Verseau agit spontanément et de manière non conventionnelle. Sans cesse en quête d'expériences, il se passionne très tôt pour la science et les nouvelles technologies. La notion de progrès est l'essence de son énergie, qu'il consacrera constamment à l'innovation.

Peu touché par les regards extérieurs, l'enfant Verseau affirme sa personnalité et revendique son unicité. Jamais à court d'idées, il doit cependant solliciter ses camarades pour les réaliser. Cet enfant parvient à rallier les autres à sa cause, qui n'est pas toujours bonne : voler des bonbons ou sécher les cours… Face à ce genre de bêtises, le parent concerné avoue qu'il est partagé entre la nécessité de le disputer et l'ébahissement, tout bluffé qu'il est par la sophistication des plans échafaudés.

Ces enfants ont du mal à ouvrir leur cœur et à libérer leurs émotions. On dit qu'ils paraissent indifférents, ce qui est faux. S'ils entrent en conflit avec un copain, ils préféreront l'ignorer et passer à autre chose plutôt que polémiquer et faire des efforts pour regagner son amitié. Bien que la communication soit aisée, lorsqu'il est question de sa vie intérieure, l'enfant Verseau se referme comme une huître. Il faut donc l'amener à parler de lui dès le plus jeune âge en l'interrogeant et en s'intéressant à ses ressentis.

L'enfant Verseau révèle un « charisme » indéniable et sait convaincre les autres de se lier à lui. Altruiste, il ne cherche pas la bagarre et aime manifestement tout le monde. Malgré son besoin d'être entouré, il s'isole volontiers dans son imaginaire. Il apprécie d'ailleurs le changement de rythme entre la période scolaire et les vacances, qui casse une routine à laquelle il ne s'accommode que parce qu'il y est contraint.

LES ASTRES ET LES ASPECTS

LES ASTRES EN ASTROLOGIE

Après avoir étudié le comportement de chaque signe du zodiaque, il est nécessaire de saisir la signification des astres. En effet, les définitions des signes sont reliées à leur énergie « brute », c'est-à-dire qu'elles ne décrivent pas une personne Verseau ou Poissons, mais l'énergie Verseau ou Poissons. Cette dissociation est très importante, car elle permet d'éviter de mettre les gens dans des cases. On a tendance à parfois mal réagir lorsque l'on voit un trait de caractère dans la description de son signe, en se disant que c'est faux, car on n'est pas comme cela. C'est normal et il n'y a pas de quoi être vexé, car nous ne sommes pas que notre signe solaire.

Lorsque l'on étudie le thème astral d'un individu, on regarde la position des astres dans les signes, mais aussi dans les maisons. Cela permet d'affiner l'analyse et, pour cela, il faut cerner le symbolisme de chaque astre.

Les luminaires

Cette appellation incorpore la Lune et le Soleil. Pourquoi ? Car ce sont nos deux seules sources naturelles de lumière, à noter, bien évidemment, que la Lune ne fait que refléter la lumière du Soleil durant la nuit. Cependant, si elle n'était pas là, les nuits seraient bien plus sombres (comme les nuits de nouvelle lune où elle n'apparaît pas). Ainsi, les luminaires ont une place primordiale en astrologie. Lorsque l'on évoque son signe astrologique, on parle en réalité du signe dans lequel se trouvait le Soleil au moment de notre naissance.

Le Soleil

Sans lui, la vie ne serait pas possible sur Terre. Longtemps utilisé comme symbole pour décrire le pouvoir absolu, il fut associé à bon nombre de rois et de dieux. En astrologie, le Soleil symbolise la vitalité, c'est notre énergie et notre joie de vivre. À l'image du Soleil qui éclaire le système qui porte son nom, notre signe solaire éclaire notre personnalité. Lorsque nous devinons le signe d'une personne, c'est très souvent son signe solaire. Astre de feu, il est relié à l'énergie masculine et représente souvent le père dans le thème astral ainsi que le rapport que nous entretenons avec l'autorité. Associé à l'énergie du Lion, le Soleil évoque notre ego et notre besoin de reconnaissance. Il renseigne aussi sur nos aspirations et sur l'autorité que nous souhaitons véhiculer au travers de nos agissements. Lorsqu'il est bien aspecté (notamment avec la Lune), le Soleil indique une bonne résistance et une bonne santé. On lui reconnaît aussi une expansion plus aisée, ce qui veut dire que les chances de réussite sont accrues. Cependant, cela ne veut pas dire qu'il ne faille pas fournir d'efforts ! Parfois, on peut être tenté par la procrastination lorsque le Soleil n'est pas affligé. Par ailleurs, un Soleil qui reçoit de mauvais aspects peut accentuer la nervosité et parfois même l'impulsivité, voire la violence.

Mots-clés : vie, personnalité visible, force, père, ambition.

La Lune

Mystérieuse et mystique, la Lune nous parle de notre vie intérieure. Reliée aux émotions, elle évoque notre réceptivité et la manière dont on accueille ce qui provient des autres. Ainsi, une lune en feu pourrait avoir tendance à réagir de manière vive et à prendre les choses un peu trop pour elle, tandis qu'une lune de terre mettra du pragmatisme et de la logique dans ses ressentis. Liée à l'énergie Cancer, la Lune évoque le passé et nos racines. Pour aller plus loin, elle nous lie à notre vie karmique et, selon certaines croyances, elle est représentative de l'âme. Associée à la famille, et notamment à l'instinct maternel, la Lune nous parle du rapport avec la mère (biologique, car l'élément eau représente aussi les gènes et notre histoire génétique), mais elle est également reliée au parent qui a été le plus protecteur dans notre enfance. Ainsi, la Lune représente nos mémoires et notre sensibilité. Souvent considérée comme une muse, elle évoque notre inspiration et notre manière d'y prêter attention. Lorsque la Lune reçoit de mauvais aspects, on peut remarquer une tendance autodestructrice vis-à-vis des émotions. La colère et la peur peuvent être présentes et créer des tensions intérieures. Par ailleurs, lorsque la Lune reçoit de bons aspects, cela augmente les capacités d'écoute et l'intuition. On peut parfois même lui accorder le don d'empathie, surtout si la Lune se trouve dans un signe d'eau.

Mots-clés : émotions, intuition, passé, mère, racines.

Les planètes rapides

Les planètes sont divisées en deux catégories : les planètes personnelles et les planètes générationnelles. La première catégorie est associée aux planètes rapides, car, du fait de leur proximité avec le Soleil, elles effectuent le tour du zodiaque plus rapidement que les autres. Les planètes lentes marquent les générations, certaines peuvent rester plus de quinze ans dans le même signe, ce qui n'en fait pas un point personnel dans le thème d'un individu. Mercure, Vénus et Mars sont les planètes rapides. Elles renseignent directement sur des traits de personnalité, ce sont les premières planètes à analyser après les luminaires.

Mercure

C'est la planète la plus proche du Soleil, ce qui signifie qu'il est impossible d'avoir un aspect entre Mercure et le Soleil. Mercure se trouve toujours dans le même signe, dans le signe précédant ou dans le signe suivant le Soleil. Cette proximité démontre que notre mental ne doit jamais être trop éloigné de l'image que nous renvoyons. Mercure représente notre manière de réfléchir, de comprendre et d'apprendre les choses. La réflexion et les pensées sont symbolisées par cet astre. C'est pour cela que, lorsque Mercure rétrograde, nous remarquons que la confusion et les quiproquos s'installent, ayant tendance à freiner la communication. Dans la famille, Mercure représente la fratrie, et particulièrement le frère. C'est l'amicalité et le lien avec les autres qui sont ainsi déterminés par la position en signe du messager des dieux. Relié à l'énergie Gémeaux, Mercure tient difficilement en place.

Ainsi, cette planète nous donne des informations sur les capacités d'adaptation du natif, mais aussi sur son aptitude à vivre les changements. Mobile, malin et plein de ressources, Mercure en signe détermine la tournure que peuvent prendre nos pensées et nos réflexions. Ainsi, avec un Mercure en feu, l'apprentissage peut se faire (trop) vite, voire être bâclé, tandis qu'un Mercure en air cherchera à bien enregistrer les infos afin de les transmettre au plus grand nombre. On remarque un côté pédagogue lorsque Mercure est dans son élément d'air.

Mots-clés : intellect, communication, voyage, amitié, découverte.

Vénus

Déesse de l'amour, Vénus symbolise notre rapport aux sentiments. Elle évoque donc autant notre manière d'aimer que ce que nous aimons. Ainsi, une Vénus en feu symbolise la passion, une Vénus en air sera beaucoup plus stimulée par l'intellect, une Vénus en terre aura tendance à être prudente vis-à-vis de ses sentiments et une Vénus en eau sera douce et protectrice. Rattachée au signe du Taureau, Vénus nous donne des informations sur notre rapport à la matérialité. Ainsi, elle représente la chance, notamment vis-à-vis des gains financiers, mais aussi notre instinct de survie. Le besoin de sécurité sur le plan émotionnel et sur le plan financier est représenté par Vénus. Ainsi, une Vénus recevant de bons aspects peut annoncer une facilité à bien gagner sa vie ou encore de la chance en amour. Avec de mauvais aspects, Vénus peut conférer une tendance possessive et étouffante, notamment avec l'être cher.

Mars

Dans la mythologie, Mars est le dieu de la guerre. C'est donc sans surprise avec l'action qu'il est associé en astrologie. Dans le thème astral, Mars renseigne sur nos réflexes, mais aussi sur notre manière d'entreprendre les choses. Ainsi, dans un signe de feu, Mars est vif et réactif, parfois impulsif ou violent. Dans un signe de terre, la manière d'agir sera portée par la prudence et le pragmatisme. Dans un signe d'air, la réflexion et l'action seront fortement liées, tout comme la communication. C'est d'ailleurs une position vive pour Mars, tout comme sa position en élément feu. Dans un signe d'eau, Mars évoquera une tendance à imaginer ses actions et parfois même à les rêver. Les émotions sont liées à la manière d'agir et on remarque parfois une difficulté à maîtriser ses pulsions.

Mars est la dernière des planètes personnelles, plus lente que la Terre, elle fait le tour du zodiaque en deux années terrestres. Contrairement à Vénus et à Mercure, qui se trouvent toujours proches du Soleil (un signe de décalage maximum pour Mercure, deux pour Vénus), Mars peut être positionné dans n'importe quel signe au moment de notre naissance. Mars donne également des renseignements sur la vie sexuelle du natif, c'est une planète qui est reliée à la libido et au désir. Elle partage cela avec Vénus. Les placements de ces deux astres sont importants à étudier pour comprendre la vie sexuelle d'une personne.

Les planètes lentes

En astrologie, on considère les planètes lentes comme celles qui marquent les générations. À l'exception de

Jupiter, qui reste environ un an dans un signe et qui marque plutôt les années, il est vrai que le placement en signe d'une planète lente n'a rien de personnel. Saturne passe environ deux ans et demi dans un signe, Uranus environ sept ans, Neptune environ quatorze ans et Pluton entre dix-huit et vingt-huit ans selon les signes. Ces planètes sont beaucoup utilisées en astrologie prévisionnelle (analyse des transits planétaires, astrologie mondiale…) car elles apportent des informations sur les grands courants à venir. Il est bon à savoir qu'Uranus est la dernière planète qui permet à l'homme de vivre son tour complet autour du zodiaque (quatre-vingt-quatre ans). Neptune met cent vingt-cinq ans et Pluton deux cent quarante-cinq ans pour faire le tour du zodiaque. Nous ne voyons pas l'opposition de Pluton par rapport à notre thème de notre vivant.

Jupiter

Rattachée au signe du Sagittaire, Jupiter évoque l'abondance. En effet, tout devient possible avec elle, c'est la planète qui symbolise nos espoirs, mais aussi notre philosophie de vie. Cela passe par l'éducation scolaire, la culture, notre curiosité et notre goût pour l'aventure, mais aussi par notre vision de l'aspect spirituel de l'existence. Dans le thème, Jupiter renseigne sur l'expansion que nous souhaitons donner à notre vie. Le signe dans lequel Jupiter se trouve est fortement relié à la manière dont nous allons évoluer au cours de notre existence. Ainsi, un placement de Jupiter dans un signe de feu va favoriser l'action, l'esprit d'entreprise, mais aussi l'indépendance. Jupiter dans un signe de terre va mettre en avant le besoin de construire du natif, l'élévation de celui-ci se fera en sécurité et avec prudence, mais aussi dans un rapport fort avec la matière (et notamment les finances). Dans un signe d'air, Jupiter évoque une évolution sur le plan social. Le natif est curieux et cherche à apprendre sur le plan scolaire, mais aussi des autres. Un goût prononcé pour les voyages peut se remarquer. Dans un signe d'eau, c'est l'aspect spirituel et émotionnel qui va vivre une évolution au cours de l'existence. Les principes du natif peuvent reposer sur des valeurs reliées au passé et la spiritualité et/ou religion peut être importante.

Saturne

Saturne est la planète karmique par excellence. Elle renseigne sur des blocages que nous avons pu avoir au cours de notre vie antérieure. Ainsi, dans le thème, elle évoque souvent des difficultés, des obstacles et des épreuves peu plaisantes. Saturne n'est pas une planète qui apporte joie et satisfaction, car elle nous pousse à tendre vers la sagesse et le sérieux. C'est pour cela que dans le thème la position de Saturne en signe et en maison met en lumière une réalisation tardive en lien avec l'énergie et le secteur de vie représentés. Cependant, il est important de notifier que ce blocage n'est pas définitif, le but de Saturne est de nous apporter des épreuves pour nous faire comprendre que nous n'allons pas dans la bonne direction par rapport à notre mission d'âme. Rattachée au signe du Capricorne qui est réputé froid et dur, la planète Saturne n'est pas notre ennemie. C'est l'ami qui va nous dire les choses de manière franche et nous pousser à trouver une solution pour ne plus perdre de temps. Saturne est Chronos dans la mythologie grecque, c'est donc le facteur temps qui va tout faire pour que nous prenions conscience de la valeur de ce dernier.

Uranus

Découverte en 1781, Uranus est la première planète à avoir été perçue grâce au télescope. En astrologie, elle symbolise la nouveauté, les nouvelles technologies et le futur, contrairement à Saturne, qui représente le passé. C'est la planète du changement. Elle correspond à des générations qui durent environ sept ans et nous informe sur les capacités d'adaptation de ces dernières. Ainsi, Uranus est une planète pleine de surprises. Son placement en maison dans le thème renseigne sur le domaine de vie qui subira le plus de changements au cours de notre existence. Il est important de prendre en compte le fait que les changements symbolisés par Uranus ne sont pas forcément dépendants de notre volonté. Reliée à l'énergie du Verseau, Uranus est espiègle, prête à tout pour se sortir de n'importe quelle situation. C'est une planète qui, selon les aspects qu'elle reçoit, va communiquer des informations sur la capacité du natif à résister au stress et à faire preuve de clairvoyance quant à l'avenir. Le besoin d'indépendance est également symbolisé par Uranus, qui partage ce point avec Jupiter.

Neptune

Neptune est la première planète à avoir été découverte sans même avoir été vue. C'est grâce à des calculs mathématiques qu'Urbain Jean Joseph Le Verrier a pu déterminer qu'une présence énergétique se trouvait derrière Uranus. Cela colle parfaitement au symbolisme qui est accordé à Neptune en astrologie. Elle représente l'invisible, la spiritualité et l'inconscient. Il est d'ailleurs assez complexe d'analyser Neptune dans un thème, car elle laisse une grande place à l'imaginaire, y compris dans son interprétation. Reliée à l'énergie des Poissons, elle évoque la déconnexion des réalités terrestres pour aller toucher l'invisible et les rêves qui nous mènent à voir plus loin et plus grand. Planète universaliste, Neptune caractérise les croyances des générations. Selon les aspects qu'elle reçoit, elle peut aussi faire tendre vers le doute et la confusion en démontrant ce que nous aimerions croire et non ce qui est. Par ailleurs, elle évoque également les penchants que le natif peut avoir vis-à-vis des addictions (nourriture, drogue, jeux...).

Pluton

Planète la plus éloignée du Soleil, Pluton représente le mystère. En astronomie, elle a été reléguée au rang de planète naine et aujourd'hui des scientifiques hésitent à lui redonner le titre de planète du système solaire. Cela démontre l'ambiguïté et les remises en question qu'elle déclenche. En astrologie, Pluton est reliée au signe du Scorpion, qui représente la transformation, la mort, la destruction en vue de vivre une régénération. Dans le thème astral, Pluton démontre la constance dont nous pouvons faire preuve pour atteindre nos objectifs. Pour certains astrologues, elle n'est pas à prendre en compte dans le thème (ils utilisent Mars pour l'énergie Scorpion), mais a un rôle important à jouer en astrologie prévisionnelle. Encore plus petite que notre Lune, Pluton est une planète qui fascine. Sa position en maison évoque de possibles ruptures et remises en question concernant le domaine de vie représenté par la maison. C'est une planète dont nous avons encore beaucoup à apprendre, car, depuis sa découverte en 1930, l'humanité n'a pas vécu un tour complet de Pluton autour du zodiaque. Les constats reliés à ses transits avant 1930 ont donc été effectués après que les événements se furent produits.

LES ASPECTS EN ASTROLOGIE

Après avoir étudié les signes du zodiaque, découvert le symbolisme de chaque astre et vu les significations des maisons, l'analyse astrologique repose principalement sur la compréhension du lien entre les astres dans le thème astral. C'est un exercice complexe et qui ne vient qu'avec une pratique régulière. Le lien entre les astres est déterminé par des traits que l'on voit dans le thème. En allant sur le site www.astrotheme.fr, vous pourrez découvrir votre carte du ciel et vous remarquerez rapidement des traits bleus, verts et rouges au milieu de votre carte. Ces traits sont appelés les « aspects ». Ainsi, il y a des aspects favorables et d'autres défavorables, concernant la relation entre deux astres.

Attention : les aspects dans le thème natal sont figés. Cela signifie que, quel que soit l'âge auquel nous souhaitons procéder à l'analyse de notre thème, celui-ci sera toujours le même, car il correspond au moment précis de notre naissance. Cependant, cela ne veut pas dire que les éventuels blocages indiqués par les aspects sont définitifs. Au travers de nos existences respectives, nous avons tous des facilités et des difficultés dans certains domaines de vie.

Les aspects ont tous vocation à être « maîtrisés » et à pouvoir évoluer. Par exemple, un aspect qui indique une tendance impulsive peut se transformer en courage au cours de la vie.

Les aspects sont déterminés en fonction du nombre de degrés qui séparent deux astres. Il n'est pas commun d'avoir des aspects qui respectent ces nombres au degré près. Les astrologues utilisent ce que l'on appelle l'orbe, qui est un seuil de tolérance pour qualifier l'écart entre deux astres d'aspects. Certains astrologues utilisent cinq degrés, d'autres dix. Selon certains astrologues, les aspects reliés au Soleil, à la Lune et à l'ascendant peuvent bénéficier d'un écart plus grand que les aspects entre les autres points du thème.

> Le Soleil ne peut pas avoir d'aspect autre que la conjonction avec Mercure. Vénus peut être conjointe au Soleil ou à son sextile. Il n'existe pas d'opposition, de carré ou de quinconce possible entre ces astres.

Les aspects dissonants

Le carré

C'est un aspect qui se produit lorsque deux astres se trouvent à 90 degrés l'un de l'autre dans le thème astral. Il a lieu lorsque les deux astres sont dans des signes dissonants. Voici un tableau récapitulatif des signes qui sont au carré l'un de l'autre :

LES SIGNES AU CARRÉ L'UN DE L'AUTRE		
BÉLIER	CAPRICORNE	CANCER
TAUREAU	LION	VERSEAU
GÉMEAUX	POISSONS	VIERGE
CANCER	BÉLIER	BALANCE

LES SIGNES AU CARRÉ L'UN DE L'AUTRE		
LION	TAUREAU	SCORPION
VIERGE	GÉMEAUX	SAGITTAIRE
BALANCE	CAPRICORNE	CANCER
SCORPION	LION	VERSEAU
SAGITTAIRE	GÉMEAUX	POISSONS
CAPRICORNE	BALANCE	BÉLIER
VERSEAU	TAUREAU	SCORPION
POISSONS	SAGITTAIRE	GÉMEAUX

Il est intéressant de noter que les signes au carré l'un de l'autre ont toujours le même mode. (voir page 51)

Le carré met donc les planètes en contradiction. Prenons l'exemple de Mars en Taureau qui se trouve au carré de Mercure en Verseau. Une manière d'agir pragmatique, prudente et sérieuse qui prend le temps de faire les choses se trouve en dissonance avec un mental vif, avant-gardiste et futuriste qui cherche à provoquer de grands changements. Au premier abord, cela peut engendrer un comportement instable lié à une manière d'agir qui n'est pas toujours en accord avec le mental. Sur le long terme, cela peut donner une personnalité adaptable, qui sait tantôt prendre des risques, tantôt faire preuve de prudence.

Le but du carré est de faire tendre vers une harmonie deux sujets qui semblent en totale contradiction. C'est là que l'importance du mode entre en compte. En reprenant l'exemple ci-dessus, on remarque que le Taureau et le Verseau sont assez fixes dans leurs idées. Cela peut apporter au natif une belle stabilité, qui fera de lui un pilier pour les autres et pour lui-même.

L'opposition

Elle se produit entre deux astres qui se trouvent à 180 degrés l'un de l'autre. Elle a toujours lui dans des signes d'éléments complémentaires.

Liste des signes opposés :

BÉLIER	BALANCE
TAUREAU	SCORPION
GÉMEAUX	SAGITTAIRE
CANCER	CAPRICORNE
LION	VERSEAU
VIERGE	POISSONS

Généralement, l'opposition indique un grand potentiel. Il s'avère parfois que ce dernier n'est pas optimisé comme il pourrait l'être. Son but est de faire tendre vers une forme d'équilibre. On dit que chaque signe contient des caractéristiques de son signe opposé. Ainsi, si vous êtes du signe du Capricorne, vous avez un peu de Cancer en vous, et inversement. Ceci est valable pour tous les signes.

Prenons l'exemple d'une opposition entre Vénus en Lion et Jupiter en Verseau. Vénus en Lion évoque la passion, l'amour et la créativité. Le signe du Lion renvoie à l'individualité et au besoin d'approbation que l'on reçoit de la part des autres, tandis que Jupiter en Verseau évoque une expansion sociale, au sein d'un groupe. Les notions de groupe et d'individualité sont ici centrales.

C'est une opposition qui peut rendre excessif dans l'envie de donner, de partager, mais, aussi à l'inverse, dans le besoin d'être reconnu, voire idolâtré. Le juste milieu entre le « moi » et les « autres » est ce qui est recherché par cette opposition. Cela aura un impact fort sur le natif du point de vue de ses amours, de sa créativité, de ses plaisirs (Vénus) et de son expansion, de sa spiritualité, de ses idéaux (Jupiter).

Le quinconce

C'est un aspect compliqué à comprendre. Bien qu'il soit inclus dans la liste des aspects dissonants, il se produit lorsque 150 degrés séparent deux astres, ce qui correspond à un sextile (60 degrés) et un carré (90 degrés). Ainsi, il y a un aspect harmonieux et un aspect dissonant à l'intérieur du quinconce.

On évoque le doute et la confusion, il est assez complexe à analyser. Il se produit dans des signes qui n'ont pas de point commun (des modes différents et des éléments incompatibles).

LES SIGNES AU QUINCONCE L'UN DE L'AUTRE		
BÉLIER	SCORPION	VIERGE
TAUREAU	BALANCE	SAGITTAIRE
GÉMEAUX	CAPRICORNE	SCORPION
CANCER	VERSEAU	SAGITTAIRE
LION	POISSONS	CAPRICORNE
VIERGE	VERSEAU	BÉLIER

LES SIGNES AU QUINCONCE L'UN DE L'AUTRE		
BALANCE	POISSONS	TAUREAU
SCORPION	GÉMEAUX	BÉLIER
SAGITTAIRE	TAUREAU	CANCER
CAPRICORNE	LION	GÉMEAUX
VERSEAU	VIERGE	CANCER
POISSONS	BALANCE	LION

Prenons l'exemple du Scorpion qui se trouve au quinconce du signe des Gémeaux. Ce sont deux énergies qui ont peu en commun. L'un est mystérieux, accorde peu sa confiance et sait faire preuve d'une extrême concentration tandis que les autres vivent l'instant présent, ont besoin de communiquer et de vivre des imprévus et font confiance trop facilement. Un thème qui comporte plusieurs quinconces révèle parfois une double facette qui peut indiquer de grandes capacités, voire du génie, mais qui semblent très mal maîtrisées. Pour analyser le quinconce, il faut avoir une vue d'ensemble sur le thème, car l'interprétation est assez délicate.

Les aspects favorables

Le sextile

Il se produit lorsque deux astres se trouvent dans des éléments complémentaires (le feu et l'air ou la terre et l'eau) et ont 60 degrés d'écart dans le thème.

C'est un aspect complémentaire parce que, cette configuration, les deux éléments s'apportent des visions différentes, tout en étant axés sur le même objectif. Voici la liste des signes au sextile l'un de l'autre :

LES SIGNES AU SEXTILE L'UN DE L'AUTRE		
Bélier	Verseau	Gémeaux
Taureau	Poissons	Cancer
Gémeaux	Bélier	Lion
Cancer	Taureau	Vierge
Lion	Gémeaux	Balance
Vierge	Cancer	Scorpion
Balance	Lion	Sagittaire
Scorpion	Vierge	Capricorne
Sagittaire	Balance	Verseau
Capricorne	Scorpion	Poissons
Verseau	Bélier	Sagittaire
Poissons	Taureau	Capricorne

Le sextile permet donc une belle évolution, car les énergies circulent facilement entre les astres. Les contradictions qui peuvent survenir ne durent pas et permettent une belle complémentarité.

Prenons l'exemple d'un sextile entre Mars en Sagittaire et un Soleil en Balance. Bien que la manière d'agir soit vive, réactive et cherche l'indépendance, là où la Balance a besoin de se compléter au travers de l'autre, cette configuration permet un bon équilibre. Ainsi, le natif éprouve un fort besoin d'indépendance dans sa manière d'agir et son énergie solaire cherche la compagnie de l'autre. Cela évite de tomber dans la dépendance affective et l'isolement que peut provoquer une attitude trop indépendante. De plus, le Sagittaire et la Balance partagent tous deux une passion pour la justice, ce qui peut vouloir dire que le natif n'hésite pas à agir pour ce qu'il estime juste.

Le trigone

C'est l'aspect le plus protecteur, car il s'effectue lorsque des astres sont dans des signes de mêmes éléments (voir page 51 les éléments). L'énergie circule bien et chaque astre met son symbolisme au service de l'autre. Ainsi, un trigone entre Jupiter et le Soleil aura un effet protecteur sur le natif. Une capacité à sortir des situations les plus improbables peut lui être attribuée, tout comme un grand capital chance. Généralement, l'abondance ainsi que de nombreuses opportunités peuvent se présenter au cours de la vie du natif (tout dépend des autres aspects que reçoivent le Soleil et Jupiter)

> « Alors que leurs aspects sont harmonieux, on remarque parfois que les personnes ayant uniquement des trigones et des sextiles dans leur thème peuvent avoir tendance à se reposer sur leurs lauriers. Les aspects harmonieux posent moins de défis que les aspects dissonants. Ainsi, contrairement aux idées reçues, avoir uniquement des aspects harmonieux dans son thème n'est pas forcément synonyme d'évolution satisfaisante pour le natif. »

L'aspect neutre

La conjonction

Elle se produit lorsque deux astres se trouvent sur le même degré dans le thème astral. La nouvelle lune est d'ailleurs une conjonction du Soleil et de la Lune qui se produit tous les vingt-neuf jours. Elle évoque le mélange des énergies de deux astres. Contrairement aux idées reçues, la conjonction n'est pas forcément un aspect harmonieux. Un mélange peut bien se faire, tandis que d'autres donneront un moins bon résultat. Tout dépend des astres et de leur placement en signe. Prenons l'exemple d'une conjonction de Mars et de Pluton. Elle peut indiquer une forte détermination et un courage surprenant (rappelons que, anciennement, Mars représentait l'énergie du Scorpion aujourd'hui attribuée à Pluton) tout comme une remise en question perpétuelle de la manière d'agir, ce qui peut conduire à l'inaction.

À PROPOS DE NATHALIE ROS – MY SWEET ASTROLOGY

La vision de l'astrologie de Nathalie, passionnée d'astronomie depuis l'enfance, reste imprégnée de cartésianisme. C'est la recherche du potentiel de l'individu et de l'enfant qui est, à son sens, l'utilité principale de l'astrologie, car celle-ci permet de mieux trouver sa voie. Spécialisée en astrologie karmique, elle utilise cette méthode pour mieux comprendre les blocages ou les réflexes qui ont tendance à nous freiner dans notre expansion. À travers son site (nathalieros.com), ses comptes instagram (@nathalieros20 et @la_lunedujour), ses newsletters ou encore ses podcasts, elle partage ses connaissances et ses analyses sur les événements lunaires et planétaires.

Composition et mise en pages
Nord Compo à Villeneuve-d'Ascq